/ 100 位

为新中国成立作出突出贡献的英雄模范人物/

彭 湃

于 元/编著

吉林文史出版社

图书在版编目（CIP）数据

彭湃 / 于元编著. -- 长春 : 吉林文史出版社,
2011.4（2022.4重印）
（100位为新中国成立作出突出贡献的英雄模范人物）
ISBN 978-7-5472-0571-6

Ⅰ. ①彭… Ⅱ. ①于… Ⅲ. ①彭湃（1896～1929）—
生平事迹 Ⅳ. ①K827=6

中国版本图书馆CIP数据核字(2011)第051185号

彭　湃

PENGPAI

编著/ 于元
选题策划/ 王尔立　责任编辑/ 王尔立
装帧设计/ 韩璘
出版发行/ 吉林文史出版社
地址/ 长春市福祉大路5788号　邮编/ 130118
电话/ 0431-81629363　传真/ 0431-86037589
印刷/ 天津海德伟业印务有限公司
版次/ 2011年4月第1版　2022年4月第6次印刷
开本/ 640mm×920mm　1/16
印张/ 9　字数/ 100千
书号/ ISBN 978-7-5472-0571-6
定价/ 29.80元

《100位为新中国成立作出突出贡献的英雄模范人物》丛书

/100位

为新中国成立作出突出贡献的英雄模范人物/

八女投江　于化虎　小叶丹　马本斋　马立训　方志敏

毛泽民　毛泽覃　王尔琢　王尽美　王克勤　王若飞

邓　萍　邓中夏　邓恩铭　韦拔群　冯　平　卢德铭

叶　挺　叶成焕　左　权　诺尔曼·白求恩　任常伦

关向应　刘老庄连　刘伯坚　刘志丹　刘胡兰　吉鸿昌

向警予　寻淮洲　戎冠秀　朱　瑞　江上青　江竹筠

许继慎　阮啸仙　何叔衡　佟麟阁　吴运铎　吴焕先

张太雷　张自忠　张学良　张思德　旷继勋　李　白

李　林　李大钊　李公朴　李兆麟　李硕勋　杨　殷

杨子荣　杨开慧　杨虎城　杨靖宇　杨闇公　萧楚女

苏兆征　邹韬奋　陈延年　陈树湘　陈嘉庚　陈潭秋

冼星海　周文雍、陈铁军夫妇　周逸群　明德英　林祥谦

罗亦农　罗忠毅　罗炳辉　郑律成　恽代英　段德昌

贺　英　赵一曼　赵世炎　赵尚志　赵博生　赵登禹

闻一多　埃德加·斯诺　夏明翰　格里戈里·库里申科

狼牙山五壮士　聂　耳　郭俊卿　钱壮飞　黄公略

彭　湃　彭雪枫　董存瑞　董振堂　谢子长　鲁　迅

蔡和森　戴安澜　瞿秋白

前言

每个人的心中都多少有一点英雄情结，都向往英雄、景仰英雄。也正因此，在中华人民共和国建国六十周年之际，由中央十一部委联合组织开展的“100 位为新中国成立作出突出贡献的英雄模范人物和 100 位新中国成立以来感动中国人物”的评选活动中，群众参与投票总数近一亿。这其中的每一张选票，都表达了人们对英雄模范的崇敬之情，寄托着对伟大祖国的美好祝福。

一个民族不能没有英雄,否则这个民族就不会强大。当国家危难之时，懦弱者选择了逃避、妥协甚至投降，英雄们却挺身而出，用热血捍卫民族的尊严，人民的幸福。在创立和建设新中国的伟大历程中，涌现出无数可歌可泣的英雄模范人物。他们之中，有为了民族独立和人民解放而英勇牺牲的革命先烈，有为了党和人民的事业而不懈奋斗的优秀共产党员，有在全民族抗战中顽强奋战、为国捐躯的爱国将士，有英勇杀敌的战斗英雄和革命群众，有积极从事进步活动的著名民主爱国人士和国际友人……他们是民族的脊梁、祖国的骄傲，是激励全体人民团结奋斗的精神力量。

《100 位为新中国成立作出突出贡献的英雄模范人物传记》丛书，就像一部星光璀璨的英雄谱，真实、完整地记录了英雄模范人物不平凡的一生，再现了他们非凡的人格魅力和精神世界。“头颅可断腹可剖”的铁血将军杨靖宇,“毫不利己，专门利人”的白求恩,“抗战军人之魂”张自忠,“砍头不要紧”的夏明翰,“俯首甘为孺子牛”的文化斗士鲁迅……一串串闪光的名字，一个个动人的故事，犹如群星闪烁，光耀中华。

如今，战火已熄，硝烟已散，英雄已逝，我们沐浴在和平的幸福之中。在和平年代，人们不会忘记为今日的和平浴血奋战的英雄们，英雄的故事永远不会结束。让我们用英雄的故事唤醒我们心中的激情，为中华民族的伟大复兴而奋斗。

生平简介

彭湃（1896–1929），男，汉族，广东省海丰县人，中共党员。

彭湃1918年入日本早稻田大学政治经济科学习，积极参加中国留学生的反帝爱国活动。1921年5月回国，不久参加中国社会主义青年团，后长期在广东从事农民运动。1924年转为中国共产党党员。7月，在广州创办农民运动讲习所，曾担任第一届和第五届农民运动讲习所主任。1927年3月任中华全国农民协会临时执行委员会秘书长。大革命失败后，参与领导八一南昌起义，南下广东后任东江农民自卫军总指挥。八七会议上被选为中央临时政治局委员。同年11月领导了海陆丰农民武装起义，建立海陆丰苏维埃政权，任中共东江特委书记。1928年11月起被选为中央政治局委员，并赴上海任中央农委书记。后任中央军委委员、中共江苏省委常委。因叛徒出卖，于1929年8月24日被捕。在敌人的严讯逼供中，他始终坚贞不屈，大义凛然。1929年8月30日，他与被捕的战友们一起高唱《国际歌》，呼喊着“打倒帝国主义！”“打倒汉奸卖国贼蒋介石！”“中国苏维埃万岁！”“中国红军万岁！”“中国共产党万岁！”等口号，走向刑场，英勇就义。中共第五、六届中央委员，中央临时政治局委员，第六届中央政治局委员，中央军委委员。

◁ 彭 湃

目录 MULU

农民运动大王（代序）

彭湃从1922年开始，在家乡海丰从事农民运动。为了发动农民起来革命，彭湃当众将属于他自己的田契全部烧毁，农民运动从海丰扩展到广东全省。他不迷恋特权，而是毫不犹豫地抛弃已经拥有的地位和特权。大革命失败后，彭湃为反抗国民党的残酷镇压，毅然发动海陆丰起义，创建中国最早的县级苏维埃政权和海陆丰革命根据地。因此，彭湃和毛泽东并称中国的农民运动大王，毛泽东是湖南的农民运动大王，彭湃是广东的农民运动大王。

彭湃在短暂的一生中，为我国的民族独立和人民解放事业作出了杰出的贡献，也为我们树立了光辉的榜样，留下了宝贵的精神财富。

彭湃具有伟大的献身精神，为了让穷人过上人的生活，他视死如归，义无反顾地奉献了自己年轻的生命。他能舍弃一切个人私利，是一位顶天立地的先觉者，是伟大的革命先驱，是中国共产党人的光辉楷模。

彭湃胸怀改造社会的宏伟抱负，心存救国救民的远大理想，投身于社会改造的运动。他大义凛然，光明磊落，顶天立地，具有伟大的革命英雄主义气概。

彭湃一生追求真理，矢志革命。追求真理是革命者的本质要求，是一个革命者必须具备的条件。

彭湃勇于革新，敢于开拓。他建立了中国第一个县级农民协会，主办了第一届农民运动讲习所，建立了中国第一个苏维埃政权——海陆丰苏维埃政府。

彭湃具有百折不挠、永不退缩的精神。在彭湃的一生中，曾遭遇过无数次挫折。彭湃经受了所有这些严峻的考验，其无私无畏、勇往直前的精神永远值得我们学习。

彭湃是一个顶天立地的革命者，被捕后不到一个星期就被杀害了。他在狱中曾写过两封信，一封写给周恩来和党组织，说他们在狱中精神很好，请党组织不要因为他的牺牲而伤心。另一封信是写给妻子许冰的，信中说："从此永别，望妹努力前进。兄谢你的爱！万望保重！余言不尽！"从这两封信可以看出彭湃视死如归、终生无悔的革命精神。

彭湃虽然牺牲了，但他永远活在人民的心中。

青少年时代

（1896—1921）

一 富而能仁的少爷

（0–4 岁）

彭湃于 1896 年 10 月 22 日生于广东省海丰县城东镇一个大地主家庭。

彭家的始祖彭延年原籍江西，宋朝时到广东潮州担任知府，后来在揭阳县定居。彭延年的第九世孙彭修章迁到陆丰县，因此彭家有“源溯豫章，家传宋史”的对联。豫章是古郡名，广义的豫章指江西省，狭义的豫章指南昌地区。

从彭修章算起，第八代孙彭思云迁到海丰，传至彭湃，已是第十八代了。

彭湃的曾祖父彭泰会从事小本生意，起家后改商号为“彭名合”杂货店。

彭泰会生下彭湃的祖父彭藩，彭藩

△ 彭湃故居

的次子彭辛有一妻一妾。彭湃是彭辛的妾周氏所生，排行第四，原名彭天泉。后来，留学日本时改名彭湃，意为像浩瀚的大海那样汹涌澎湃，涤荡黑暗社会的污泥浊水。

彭湃祖父开设的“彭名合”杂货店赚足本钱后，又与别人合办榨油厂，生意越做越大，收入也越来越多。于是，祖父开始放高利贷，利滚利；购买田地，每年收租一千六百担。此外，祖父还经营当铺、房产、鱼行等。

彭氏家产在海丰是数一数二的，统辖农

民不下1500人，家庭成员每人有50个农民为之做奴隶。

祖父认为家中虽然富有，却无人做官，有钱无势，深以为憾。因此，他希望子孙有朝一日登上仕途，光宗耀祖。有一天，风水先生对祖父说彭湃日后定是可造之才。祖父见彭湃在儿孙中最聪慧，因此对彭湃关爱有加，常叮嘱周氏要善为抚养。于是，彭湃从5岁开始就进私塾读书。彭湃自幼受到良好的教育，也养成了好学深思的习惯。

彭湃的生母周氏名叫周凤，出身于贫苦的农民家庭，从小被卖到彭家当丫头，后来才被立为彭家媳妇。由于她出身贫寒，十分同情劳苦大众。

周凤勤劳俭朴，富有怜悯心，具有劳动人民的本色。在她的影响下，彭湃从小深受民本思想的熏陶，对贫富不均深恶痛绝。

彭湃少年时代，中国正处于半封建半殖民地社会时代，广大人民生活在水深火热之中。彭湃在生母的影响下，也极其同情劳苦大众。

祖父关心彭湃学习，常在空闲时叫彭湃在桌子上用火柴棍摆字。有一天，祖父叫他摆“收租”两字。彭湃端端正正地摆好后，一本正经地对祖父说：“农民太苦了，他们穿着补丁摞补丁的破衣裤，吃的是红薯汤。咱们如果不收租，他们不就有饭吃了吗？”

彭湃说完，在“收租”两字的上面摆上了一个“不”字。

有一年，正值收租季节，一群佃户挑着沉甸甸的谷子到彭家交租，一个个累得汗流浃背，呼呼直喘。而彭湃的父亲却诸多挑剔，硬要佃户将谷子再用风车风过。佃户被折磨得又累又饿，一个佃户支持不住，向彭家讨水喝。彭湃心中不忍，忙倒了杯热茶送上前去。

在私塾学了两年后，彭湃又上小学读书。在学校，他没有阔少爷的架子，更没有成为纨绔子弟。他喜欢和穷人家的孩子交朋友，愿意帮助他们。

那时，富人大多没有同情心，人们称之为“为富不仁”。而彭湃不同，家中虽富，他却能仁而爱人。因此，穷孩子都喜欢彭湃，称他是“富而能仁的少爷”。

彭湃的仁爱之心，是生母给他的。

听故事

☆☆☆☆☆

（4–19岁）

彭湃放学后，最喜欢听老人讲故事。

夏天傍晚，老人在树下纳凉时，总爱说书讲古。他们有时讲文天祥在海陆丰组织抗元，有时讲俞大猷在海陆丰抗倭，有时讲海丰农民领袖黄履恭起兵反清。

海陆丰位于南海之滨，民风强悍，勇于拼搏进取，有战天斗地的豪迈气概。因此，人们常说："天上有雷公，地下有海陆丰。"

海陆丰人文精神得天独厚，可上溯到南宋民族英雄文天祥。

南宋恭宗德祐二年（1276）三月，元

朝侵略军攻下了南宋都城临安，宋恭帝和母亲全太后被俘。临安陷落时，宋恭帝的哥哥赵昰南逃，在福州被拥立为帝，这就是宋端宗。宋端宗封生母杨氏为太妃，由杨太妃代幼主听政，继续抵抗元朝侵略军，并任命状元文天祥为丞相。

文天祥临危受命，亲率义军给元朝侵略者以沉重的打击。1278年，元军大举进攻，文天祥退到海陆丰组织义军，抵抗元朝侵略者。一天，文天祥和将士正在海丰五坡岭用饭时，元将张弘范率大军追至。文天祥见敌我兵力悬殊，不愿被俘受辱，急忙吞下随身携带的冰片自杀。不料冰片量少，并未致命，文天祥在昏迷中被俘。张弘范让文天祥写信招降抗元名将张世杰，文天祥说："我不能保护父母，难道还能教别人背叛父母吗？"张弘范不听，一再强迫文天祥写信，文天祥被逼不过，于是将自己前些日子写的《过零丁洋》一诗抄录给张弘范。张弘范读到"人生自古谁无死，留取丹心照汗青"两句时，不禁也受了感动，便不再强逼文天祥了。张弘范向元世祖请示如何处理文天祥，元世祖说："谁家无忠臣？"命令张弘范对文天祥以礼相待，将文天祥送到大都（今北京）。路上，文天祥绝食八日而未死，被关押在北京府学胡同。元世祖深爱文天祥之才，派降元的南宋左丞相留梦炎劝降。文天祥一见留梦炎，怒不可遏，留梦炎赧颜离去。元世祖又让降元的宋恭帝劝降，文天祥跪地痛哭流涕，对宋恭帝说："圣驾请回！"宋恭帝无言以对，只得离去。元世祖大怒，下令将文天祥关进牢房。元朝丞相孛罗亲审文天祥，文天祥昂然而立，不肯下跪。孛罗问文天祥："你现在还有什么话可说？"文天祥回答说："天下事有兴有衰，国亡受戮，历代皆有。我为大宋尽忠，只求早死！"孛罗大发雷霆说："你要死？我偏不让你死。我要关押你！"文天祥毫不畏惧地说："我愿为正义而死，关押我也不怕！"从此，文天祥在狱中一住三年。有一天，元世祖问议事大臣说："南北宰相，谁人最贤？"群臣回答说："北人无如耶律楚材，南人无如文天祥。"于是元世祖要授予文天祥高官显位。文天祥的一些降元旧友立即向文天祥通报此事，并劝文天祥投降，均被拒绝。元世祖召见文天祥，亲自劝降，文天祥仍然长揖不跪。元世祖没有强迫他下跪，只是说："你如能用效忠宋朝的忠心对朕，朕可以在中书省给你一个位置。"文天祥回答说："我是大宋宰相。国家亡了，我只求速死。"元世祖无奈，只得下令处死文天祥。次日，文天祥被押到刑场。监斩官问道："丞相还有话要说吗？回奏定能免死。"文天祥喝道："死就死，还有什么可说？哪边是南方？"有人给他指了方向，文天祥向南跪下说："我的事情完结了，心中无愧了！"说完，引颈就刑，从容就义，时年 47 岁。

△ 方饭亭

文天祥大义凛然，至死不屈，其高风亮节影响了700年间的海陆丰，也影响了彭湃。每当听到老人讲文天祥的故事，彭湃总是握紧拳头说："好男儿就应该这样。"为了纪念文天祥，海丰百姓在当年文天祥被俘处建了一座亭子，取名"方饭亭"。彭湃常到方饭亭缅怀文天祥，背诵他的诗歌，以激励自己。

明朝嘉靖四十三年（1564），民族英雄俞大猷镇守广东潮州。倭寇两万人前来进犯，给百姓造成了深重的灾难。

倭寇是13世纪至16世纪以日本为基地活跃于朝鲜半岛及中国大陆沿岸的海上入侵

△ 俞公亭

者，其活动范围曾远至东亚各地。倭寇烧杀掳掠，无恶不作，激起了人民的强烈反抗 。

俞大猷是明朝抗倭的民族英雄，自幼家贫，勤学不辍，15 岁考中秀才，人称才子。他精通《易经》与兵书，文武双全，人称“剑术天下第一”。他能跨马引弓而射，百发百中。俞大猷镇守海疆时，积极抗倭，为民除害。海陆丰人民配合俞大猷几经苦战，终于取得了抗倭大捷，彻底肃清了盘踞东南沿海一百多年的倭患。

海丰百姓尊敬俞大猷，称他为“俞公”。为了纪念俞大猷，特地为他修了祠堂。彭湃十分崇拜俞大猷，立志要像他那样抗击侵略者。

清朝末年，黄河流域和长江流域各省连续遭到严重的水旱灾害，两广地区也是水灾、旱灾、蝗灾不断。天灾人祸使人民陷于失业、破产、饥饿、死亡的困境。清政府的黑暗统治和沉重的封建剥削，以及外国侵略势力所

▽ 被捕的三点会成员

造成的灾难，激起了人民群众的反抗怒潮。为了反抗清政府的残暴统治，咸丰年间，海陆丰人民秘密组织了三点会，其领袖是黄履恭。黄履恭率领农民攻破县城，杀掉县令，除暴安良，开仓济贫。黄履恭的故事深深打动了彭湃的心，影响了他的一生。彭湃常说："三点会的英雄好汉虽然被清廷镇压了，但他们是为百姓而死，虽死犹荣。"

文天祥等人的故事在彭湃心里留下了深刻的印象，播下了抗暴爱国的种子。彭湃继承了中华民族的优良传统，从小便决定以天下为己任，向先贤学习，为百姓做事。

初试锋芒

☆☆☆☆☆

（20 岁）

孙中山在广东多次发动武装起义，动摇了清廷的统治。

革命者在广州和香港出版宣传革命的报纸和一些富有革命性的书刊，让国人猛醒。这些书刊传入海丰后，在知识青年中广为流传。彭湃如饥似渴地阅读这些书刊，在思想上产生了共鸣。

1911年爆发的辛亥革命在海丰产生了巨大的反响，也震撼了彭湃的心灵。

当时，彭湃正在海丰第一高等小学读书，该校教师、同盟会会员林晋亭经常向学生宣传孙中山的革命精神和同盟会的政治主张，彭湃因此受到资产阶级民

△ 彭湃中学（原海丰中学）

主革命思想的启迪。彭湃经常与同学们谈论时事，认为天下兴亡，匹夫有责，积极追求民主和进步。

1913 年，彭湃进县立海丰中学读书。

海丰中学的进步青年成立了革命组织群进会，彭湃是其中的骨干之一。群进会以宣传革命，关心时事为宗旨，在青年学生中形成了追求进步,学习新知识,探求真理的风气。

1916 年“五九”国耻纪念日那天，彭湃带领同学到街上进行反日爱国游行示威。

原来，1914 年日本出兵强占青岛、济南等地。1915 年 1 月，日本利用支持袁世凯急欲复辟称帝的机会，提出了灭亡中国的

《二十一条》。1915 年 1 月 27 日，袁世凯任命陆征祥为外交总长，任命臭名昭著的亲日派曹汝霖为外交部长，与日本会谈。日本公使日置益同中国代表第一次会谈时，拒绝讨论，坚持要中国政府全部接受《二十一条》。3月8日，日置益再次要求曹汝霖给以满意的答复。与此同时，日本派遣三万军队到山东及天津、大沽地区，为其蛮横无理的要求作后盾。5 月 7 日，日本向中国发出最后通牒，要挟袁世凯必须在 48 小时内签字。参与条约谈判的袁世凯政府特使周自齐是个有爱国激情的官员，他见日本有亡我中华民族之心，袁世凯无耻卖国十恶不赦，便在日本向中国发出最后通牒的 5 月 7 日这天,以北京市商会的名义,把《二十一条》内容通电全国。

《二十一条》共分五大项：

一、承认日本继承德国在山东的一切权益，山东省不得让与或租借他国。

二、承认日本人有在南满和内蒙古东部居住、往来、经营工商业及开矿等项特权。旅顺、大连的租借期限并南满、安奉两铁路管理期限，均延展至 99 年为限。

三、汉冶萍公司改为中日合办，附近矿山不准公司以外的人开采。

四、所有中国沿海港湾、岛屿概不租借或让给他国。

五、中国政府聘用日本人为政治、军事、财政等顾问。中日合办警政和兵工厂。武昌至南昌、南昌至杭州、南昌至潮州之间各铁路建筑权让与日本。日本在福建省有开矿、建筑海港和船厂及筑路的优先权等等。

《二十一条》严重损害了中国的主权，是一个彻头彻尾的卖国条约。

5月7日日本发出最后通牒后，袁世凯怕得罪日本，皇帝做不成，便以中国无力抵御外侮为理由，于5月9日递交复文，表示除第五项容日后协商外，全部接受日本的要求。有了日本的支持，袁世凯冒天下之大不韪，于这年12月宣布恢复帝制，做了皇帝。从此，中国人民定5月9日为国耻纪念日。

彭湃参加示威游行，迈出了革命的第一步，心情特别激动。他满腔热血沸腾，觉得同国家的命运连在一起了。

这年冬天，海丰土豪劣绅陈月波为驻军统领林干材雕塑石像，要立于五坡岭陪祀民族英雄文天祥。彭湃闻讯，怒不可遏，组织海丰中学的热血青年捣毁了林干材的石像，极大地震动了海丰人民。

原来，辛亥革命后，袁世凯篡权称帝，委任邓龙光为广东都督。邓龙光上任后，派林干材到海陆丰担任驻军统领，还派马镛桂到海丰担任县长。当时，海丰人民生活十分贫苦，人人向往革命。林干材到任后，把孙中山的革命党称为“乱党”，把三点会的群众称为“乱匪”，凡“乱党”、“乱匪”都要抓，有钱赎就放回，无钱赎就杀掉。林干材和马镛桂通过所谓清“乱党”和清“乱匪”敲诈了大量钱财，也杀了很多人。林干材在海丰杀了很多“乱党”和“乱匪”，深受海丰土豪劣绅的拥护。为首的土豪劣绅陈月波称赞林干材“功德无量”、“剿匪有功”，在1916年秋间为林干材雕像立碑，配祀文天祥。彭湃发动学生反对此事，海丰各界纷纷支持学生的正义活动。这时，有人劝彭湃的祖父不要让彭湃反对竖立石像，彭湃质问说：“林干材有何功德配和民族英雄像立在一起，你们真是林干材的狗腿子！”来人听了，狼狈而归。聪明多智的彭湃带领学生于夜半时分把林干材石像的鼻子偷偷敲掉，使其再也无法立像了。海丰百姓闻讯，拍手称快，无不夸赞彭湃智勇双全，是海丰的好儿男。

袁世凯倒台后，林干材被撤职，陈月波也逃到了香港。

㊀ 留学东瀛

☆☆☆☆☆

（21–25 岁）

1917 年春，彭湃离开海丰，进入广州广府中学读书。广府中学不能满足彭湃的求知欲，于是他决定出国留学。

当时，为了救国救民，为了寻求革命真理，进步青年到外国留学蔚然成风。因为日本与中国隔海相望，明治维新后又迅速崛起，日本民族还善于接受新事物，能以极快的速度翻译世界各国出版的书籍，所以去日本留学的人特别多。彭湃在这种潮流的影响下，于 1917 年夏东渡日本。

彭湃到日本后，进入成城学校学习日语，并结识了黄霖生、杨嗣震等留日学生。

△ 彭湃（右一）与同学在日本

1917 年 9 月，彭湃考入东京早稻田大学政治经济科。

这时，彭湃见李春涛等几位同学在阅读无政府主义者克鲁泡特金的《互助论》、《面包略取》等书。于是，彭湃又开始埋头苦读无政府主义著作了。

由于身处日本，彭湃还读了许多日本史，特别是记载明治维新的书籍。彭湃对日本明治维新后成为强国的原因和维新方法等问题产生了浓厚的兴趣，又开始废寝忘食地探讨和研究起来。

这年冬天，俄国十月革命的胜利震动了全世界，对日本也产生了很大的影响。有一天，彭湃去听早稻田大学哲学系教授大山郁夫演讲《俄国十月革命》，一下子就被大山教授的演讲吸引住了。听完演讲后，他对杨嗣震说："这是我有生以来听到的最好的一次演讲。我边听边想，孙中山领导辛亥革命推翻清政府，建立了民国，可政权又落到北洋军阀手里，这是为什么？看来非要学俄国人的办法，走俄国人的路不可。"

彭湃发现了真理，找到了救国之路，他再也不彷徨了。从此，他开始如饥似渴地研读马列主义的经典著作。他读了河上肇翻译

▽ 早稻田大学校址

的马列著作，深受启发，特地前去拜访这位日本社会主义思想启蒙家，当面求教。

当时，日本在参加第一次世界大战后，国民傲气冲天，一些街头车夫、中小学生都骂中国人“支那马鹿”。这使彭湃受到极大的刺激，他积极组织爱国学生活动，受到日本警视厅的监视，曾一度被捕。

随着日本帝国主义对中国的侵略日益深入，彭湃的反日爱国思想也日益增长。他更加积极地参加中国留日学生的反帝救国活动，在学生中起了带头作用。

日本帝国主义为了进一步控制中国，借口防御苏俄武装侵略，于1918年5月16日与中国北洋政府签订了《中日陆军共同防敌军事协定》。这个协定是北洋军阀继《二十一条》之后又一个出卖国家主权的卖国条约。中国留日学生得到消息后，义愤填膺，纷纷奋起反对，发起了一个轰轰烈烈的废约运动。彭湃是这场运动的组织者和领导者，他奔走呼号，组织集会，印发传单，上台演讲，痛斥日本帝国主义侵略我国的罪行。

留日学生为了更有效地反对中日密约，组成了一支救国团，于5月下旬在东京神田区中国饭店秘密集会，商议挽救国难的办法。不料，集会正在进行时，突然遭到日本警察的袭击，许多学生被打伤。中国留日学生对此忍无可忍，

△ 1919年北京学生游行

决定全体罢课回国，以示抗议。彭湃率队回到上海，在上海成立了救国团本部，并在《救国日报》上发表了《归国学生告同胞书》。

不久，彭湃回到广州，与广东籍留日学生成立了救国团广州分会事务所，并发表了《广东留日学生同乡会宣言书》。宣言书中写道：

鸣呼！莽莽神州，芸芸华胄，其将为倭寇宰割奴役耶？二十一条款之恨犹新，军事密约之声又起，狡谋暴力，日寸月尺，乘欧战方启，内讧不已，殆非席卷我国版图而去不止矣……

大祸临头，大义在目，威力甘言，不值一顾，此吾人所以不旬日而归国者千余，奔走呼号，愿舍身而谋废约救亡也。

留日学生的爱国行动得到了全国人民的同情和支持，但北京政府却强令留日学生返校。为了不耽误学业，彭湃等不得不再行东渡，返日学习。

1919 年 5 月 4 日，北京爆发了反帝反封建的爱国运动。消息传到日本，中国留日学生的爱国热情更加高涨，决定集会游行，并分别前往各国驻日使馆递送宣言书。当游行队伍在公园集中时，竟遭到日本军警的野蛮镇压，彭湃被打伤了。

通过这件事，彭湃意识到要救国必须唤起民众，激励同胞。于是，他毅然咬破手指，在一块白绢上写了“毋忘国耻”四个大字，寄给海丰学生联合会。当彭湃的血书寄到海丰中学时，整个学校沸腾起来。同学们备受鼓舞，激发出强烈的爱国热情，纷纷罢课，举行示威游行，上街演出话剧，宣传爱国主义，抵制日货。同学们高呼“打倒帝国主义”、“打倒卖国贼”等口号，群情激愤，极大地鼓舞了海丰各界人士的爱国反帝热情。

同年暑假，彭湃从日本回到海丰。他利用度假时间积极组织同学演白话剧，进行反帝反封建的宣传活动。海丰青年走上革命道路，大都得助于彭湃的启蒙教育。彭湃对海丰革命运动的影响是巨大的。

在日本留学的几年中，彭湃积极投身革命活动，埋头钻研马列著作，终于成长为一名真正的革命者。

农民运动时期

（1921—1927）

海丰教育局局长

☆☆☆☆☆

（25-26岁）

1921年5月，彭湃从日本早稻田大学毕业，回国后不久便加入了中国社会主义青年团。

5月23日，彭湃回到家乡海丰，受到进步青年的热烈欢迎。

为了团结教育这些进步青年，共同学习马克思列宁主义，彭湃与郑志云、林苏、陈魁亚等成立了社会主义研究社。

彭湃曾在研究社作专题演讲，如《世界第一个社会主义国家——十月革命胜利的俄国》、《〈资本论〉入门》、李大钊的《布尔什维克主义的胜利》等。

社会主义研究社的活动在知识分子

中产生了很大的吸引力，入社的人越来越多，组织不断扩大。

为了向工农群众进行宣传教育，同年7月，彭湃又发起成立了劳动者同情会，并撰写《劳动者同情会的缘起》。彭湃抨击说当时的教育制度是为贵族、官僚、资本家服务的，要结束教育与贫民分离的现状，使贫民有接受教育的机会。

9月1日，彭湃又在《新海丰》创刊号上发表了《告同胞》一文，强烈抨击私有财产制度是人类最不合理的社会制度。

社会主义研究社和劳动者同情会在海丰的知识青年和工农群众中传播社会主义和新文化，其组织成员有些后来成为彭湃从事农民运动的助手和战友。

当时，与彭湃同乡的军阀陈炯明想收买和利用彭湃为他效劳，特地聘请彭湃出任海丰县教育局局长。

彭湃上任后，决心以教育为阵地，培养革命种子，从教育入手实现社会革命。

为实现工农教育，彭湃进行了一系列改革：在教育局整顿机构，辞退了顽固守旧的老朽，聘请李春涛、杨嗣震等担任海丰中小学教师；发展农村教育，创办农村分校；增加教育经费，改善教师待遇；革新农村教育内容，废除八股文章，从《新青年》等进步书刊选用李大钊、鲁迅等人的文章；提倡体育运动，举办海丰第一届体育运动大会。

△ 海丰教育局局长彭湃

彭湃亲自到自己的母校海丰第一高等小学讲课，向学生讲述地主剥削压迫农民的罪恶，引导学生关心农村的社会问题。

彭湃生活俭朴，常常无私地用薪金帮助生活贫苦的人。有一次，邻居向他借钱给孩子治病，彭湃一掏衣袋，发现一毛钱也没有了，便急忙向妻子要，妻子说："钱没有了，只剩下这只结婚金戒指了。"

彭湃说："人比金子值钱，拿出来吧。等革命成功了，我再买来偿还给你。"

妻子笑道："革命成功了，还要金戒指干什么？"

彭湃的第一位妻子蔡素屏也出身豪门，但没有文化，还缠着一双小脚。婚后，彭湃亲自教她读书写字，还让她放了脚。在彭湃的影响下，蔡素屏也成了一名勇敢坚定的共产主义战士。

彭湃带头反对封建神权，他见县第一高等小学门前一道墙壁上写着“天官赐福，泰山不敢当”几个大字，便发动学生把墙拆了。他还写了一首《反对神权》的歌谣：“神明神明，有目不明，有耳不灵，有足不行，终日静坐，受人奉迎。奉迎无益，不如打平。打平打平！铲个干净！群众进步，社会文明。”

当地土豪劣绅对彭湃的这些做法十分惊恐，极为仇视，竟诬蔑彭湃在宣传赤化，要实行共产共妻，千方百计想把彭湃赶走。

海陆丰是海丰县、陆丰县的统称，位于广东省东江、韩江之间，面临浩瀚的南海，北枕层峦叠嶂的莲花山脉，地理条件优越，素称鱼米之乡。

在清朝统治下的海陆丰人民，与全国人民一样，深受封建主义、帝国主义的压迫剥削，为了生存，曾多次举行起义。海陆丰人民前赴后继的反抗斗争虽然很英勇，但由于历史条件的限制，因没有无产阶级政党的领导而屡遭失败。

◁ 得趣书堂

广东军阀陈炯明任用私人，使海陆丰“县长多如狗，司令满街走”。官绅横行不法，鱼肉百姓，到了官逼民反的地步。

1922年5月1日，彭湃组织师生纪念国际劳动节，学生高举绣有“赤化”两字的大红旗，唱着《五一劳动节歌》，高呼“劳工神圣”、“减时加薪”、“无产者联合起来”等革命口号，举行盛大的示威游行。这是海陆丰有史以来破天荒的第一次，吓坏了土豪劣绅。事后，土豪劣绅借此大做文章，大骂彭湃。

彭湃大刀阔斧的教育改革与发动学生反对封建势力的斗争，震惊了县里的反动头子。

他们急忙上书陈炯明，向他告状，说彭湃造反了。

这年5月，彭湃被陈炯明免去教育局局长的职务。

为了进一步宣传社会主义，唤起工农大众，彭湃在他的住处得趣书堂办起了自己刻印的刊物《赤心周刊》。通过这个刊物，彭湃对青年学生进行宣传，要他们发动和组织工农起来进行社会革命，改天换地。

尽管彭湃以很大的热情办《赤心周刊》，但《赤心周刊》的影响仅限于部分学生，广大不识字的工人和农民没有从中受到什么启示。因此，《赤心周刊》只出版六期便停刊了。

⊖ 农民运动

★★★★★

（26–28岁）

彭湃加入中国社会主义青年团后，试图从教育入手去实现社会革命，结果遭到了失败。这使他开始把注意力转到工农方面来，决心唤醒工农，发动工农。

但是，不久彭湃便发现虽然他以工农群众的喉舌自居，可是背后却无半个工农，影响极为有限。为此，他感到要唤醒工农，发动工农，必须到工人、农民中间去，尤其是要到占中国人口80%的农民中去进行实际工作。

当时，中国共产党人正把主要精力用在领导工人运动上，对农民运动还没有足够的重视。彭湃的想法在他的亲密朋友中也未引起共识，一些人说："农民散漫极了，不但毫无结合之可能，而且无知识，不易宣传，徒费精神罢了。"

彭湃没有动摇，他自信农民一定可以团结起来，决心到农村去实现自己的想法。

1922 年 6 月下旬的一天早上，彭湃头戴白通帽，足蹬运动鞋，身着一套白色学生装，来到海丰县赤山约的一个乡村，想找一些农民谈话。但农民看到彭湃，有的以为他是官府派来收捐的，都对他敬而远之。

原来，他这身打扮在乡村中是极罕见的，因此农民感到不妙，都远远地躲开了他。也有一时躲不开的，就恭恭敬敬地问："先生是来收捐的吧？"

彭湃忙说："我不是来收捐的，是来和你们做朋友的。"

农民哪里肯信，都推说没有闲空，回身走了。

彭湃一连碰了好几个钉子，心中烦恼，又向另一个村庄走去，迎接他的只是一阵狗吠。村里不见人影，家家户户都锁上了门。

这天，彭湃走了好几个村庄，遭遇都差不多，没有一个农民愿意和他谈话。

尽管农民不理解，第二天天刚亮，彭湃又踏上了通往乡间的小路。路上遇到挑担的农民时，他赶紧让路。农民十分诧异，觉得这个城里人有些异样，因为从来都是农民给城里人让路的。

这天，彭湃在农民中宣传地主剥削农民的道理，仍然没人注意听。农民把他当成收账的，连名字都不愿告诉他，一天的收获几乎等于零。

晚上回到家里，彭湃躺在床上翻来覆去睡不着，心想：“我真心想和农民交朋友，为什么他们看到我却躲起来呢？”

两天来的情景一一在眼前闪过，光着脚，衣衫褴褛的农民，无人的村庄……

想着想着，彭湃心头猛然一亮：自己的白学生服与农民的装束太格格不入了。自己的语言也要尽量通俗易懂，缩小与农民的距离。

彭湃越想越兴奋，现在是农忙季节，农民大多下田干活，村里很少有闲人，得改变方式，另辟蹊径。

龙山有个天后庙，庙前的十字路口是附近几个乡的农民往来必经之地。庙前有棵大榕树，枝叶茂盛，一片绿荫，农民大多愿意在那里歇脚。

第三天，彭湃换上农家粗布衣服，戴着斗笠，赤着脚板，来到大榕树下，用留声机播放着音乐，几个放牛娃跟衣着朴素的彭湃学唱歌谣：

冬呀！冬！冬！冬！

田仔（农民）骂田公（地主）！
田仔耕田耕到死；
田公在厝（家）食白米！
做个（的）颠倒饿；
懒个（的）颠倒好！
是你不知想！
不是命不好！
农夫呀！醒来！
农夫呀！勿戆！

原来，彭湃总结了下乡的经验教训，决定暂时不到村里去找农民个别谈话，选择大榕树下向农民进行宣传，牧童唱的歌谣正是彭湃编的。

来往行人听见歌谣觉得十分新奇，不由站住了脚，议论纷纷。

彭湃见围拢来的人多了，就按着这个话题开始宣传。他向农民说明他们受苦的原因是地主的剥削；他帮助农民算细账，引导他们认识地主剥削农民的事实；他告诉农民要改变这种状况只有大家团结起来与地主斗争……

△ 六人农会铜像

这样，一连十多天，彭湃或与过路农民交谈，或向大家演讲，喜欢和他谈话的农民已有十余人，听讲的农民也逐渐增至几十人。

有时，彭湃还直接到田里和农民一起干活，一边插秧，一边和农民交谈。他皮肤晒黑了，身体消瘦了，对农民的理解加深了。尽管农民对他所说的还是半信半疑，但他与农民的距离开始缩短了。

农民开始与彭湃接近了，但家庭的阻挠、反对与地主豪绅的攻击却升级了。

彭湃下乡从事农民运动后，家里人说："家里特地花了一笔钱送你出洋留学，你回来不但不去做官挣钱，反而去搞什么社会革命！"

彭湃回到家里，再没人同他说话，好像见了仇人一样。除了三兄五弟不加可否外，其余男女老幼都对他恨之入骨。他大哥曾扬言说："我要杀死这个败家子！"

同族或邻居认为他自甘堕落，一些地主豪绅四处造谣说彭四少爷得了精神病。

不久，人们纷纷传说："彭家四少爷疯了！"

当地豪绅纷纷登门探病，叹息说："彭家老四是读过大书、喝过洋墨水的富家子弟，放着官不做，整日里去与满脚牛屎泥巴的田仔称兄道弟，竟弄成这般模样！"

彭湃听后哈哈大笑说："我希望不久以后有许多像我这样发疯的人出现。"

彭湃取得了农民的信任，农民把他当成自己人，他说的道理渐渐为农民所接受。

经过一段时间的宣传发动后，1922 年 7 月 29 日，彭湃得到张妈安、林沛、林焕、李老四、李思贤五位农民的支持，成立了六人农会。

彭湃邀张妈安他们来到家里，正式建立了海丰县第一个农会，这个农会连彭湃在内共有六个人。

彭湃告诉他们说：“对外我们称农会，对内则叫贫人党。”

彭湃为贫人党规定了三个手势作为秘密联络的信号：

第一个手势是张开手掌，伸出大拇指和食指，成为一个“八”字,表示“贫”字;第二个手势是伸出大拇指和食指，成为一个“人”字;第三个手势是伸出四个手指,成为四个点，表示“党”字。他说:“以后在农村联系，先做这三个手势，表明是自己人之后，再谈知心话。”

彭湃还规定加入贫人党的要宣誓，并订出三条纪律：第一，不怕死。上级叫干什么就干什么，布置什么工作都要干，在斗争中不要怕死，怕死就不要参加贫人党；第二，不为敌人办事，参加贫人党后，要为劳动人民服务；第三，要保守机密，以免敌人破坏。党内活动情况连老婆、孩子都不能告诉，无论在什么情况下都不要出卖自己的同志。如果出卖同志，就要受到惩罚。

其他五个人都同意彭湃的意见，表示要坚决干下去，大力发展农会会员，吸收好的会员加入贫人党。

为了彻底背叛地主阶级，彭湃决心革命先从自己家里开始。

彭湃以看戏为名召集农民到他家里来，农民听说有戏看，顿时蜂拥而至。

彭湃拿着一大叠分家后属于他的田契走上戏台，举起手中的田契激动地说：“这些都是地主剥削农民的工具，田不是彭家的，更不是我彭湃的，而是农民兄弟的劳动成果。这一切被地主强占了，农民才变得艰难困苦，我们要彻底废除这种不合理的社会制度。”

说罢，彭湃当众烧毁田契，宣布分家后他所得到的田地全归耕者所有。台下农民一下子惊呆了，接着便是一片沸腾，响起了山呼海啸般的欢呼声。农民纷纷感叹地说：“彭先生为革命能舍弃一切，我们还有什么顾忌呢？”

彭湃用实际行动获得了农民的理解与信任。从此，农民把他当做完全值得信赖的领袖。

彭湃烧田契在视土地为命根子的农民眼里是一件惊天动地的大事，他的革命行动迅速传遍海陆丰大地。日后,无论彭湃走到哪里，都有大批农民众星捧月般地簇拥着他，称他是“彭菩萨”。

建立了中国第一个农会组织六人农会

△ 赤山约农会旧址

后，农会像星星之火一样迅速变成了熊熊的燎原烈火。

在这些积极分子的带动下，农会迅速发展起来。

这年10月25日，彭湃成立了赤山约农会，共有会员五十多人。

1922年年底，海丰县农会多达99个，占全县总人口四分之一。

1923年1月1日，海丰总农会成立大会在海城镇正式召开，彭湃出任会长，被人称为“广东农民王”。

此后，农会迅速发展到陆丰和惠阳。

4月底，海丰、陆丰、惠阳三县共有五百多个村子二十万人参加了农会。

5月1日，三县近万名农民和海丰的工人、学生在海丰集会游行，纪念国际劳动节，振臂高呼“反对升租吊田！”“反对国际资本主义！”“打倒军阀！”口号声震天动地，响彻全城。

随后，农会又发展到紫金、普宁、惠来等县，彭湃相继在海丰成立惠州农民联合会、广东省农会。

彭湃在发动农民参加农会时说：“学生有学生会，工人有工会，农民也应该组织起来为自己谋利益。”

海丰农会成立后，农会切实关心群众的疾苦，帮助农民解决实际困难，使农会赢得了群众的衷心拥护，农民纷纷表示：“生当农会人，死当农会鬼。”

当时，海丰绝大部分教育经费取自农民，而农民却享受不到教育的权利。彭湃对此深恶痛绝，把在早稻田大学学的政治经济学运用到为贫民办教育上。他成立农民学校，大办农民教育，教农民记数、写信、写农作物及农具的名字。农会规定学生读书不用花钱，由建立农民学校的乡村指定耕地作为学田，所收粮食除去田租外，其余的完全作学校经费使用。

彭湃在《海丰农民运动》一书中总结说：“这方法实行后不到一个月，就成立了十余所农民学校，夜校也有数间，与教育绝缘的农村儿童，有五百余人得以入学读书了。”

海丰总农会还办起了农民医药房，由热心农运的西医主持。凡农会会员，无论门诊出诊，凭会员证不收诊费，药费仅收一半，其余一半由农会和会外捐款补充。

农会还组建了仲裁部，免费为会员调解纠纷。不管婚姻、命案，农民一有争执都愿到农会仲裁部解决。在农民看来，农会仲裁部是农民的法庭，农会则是农民的地方政府。

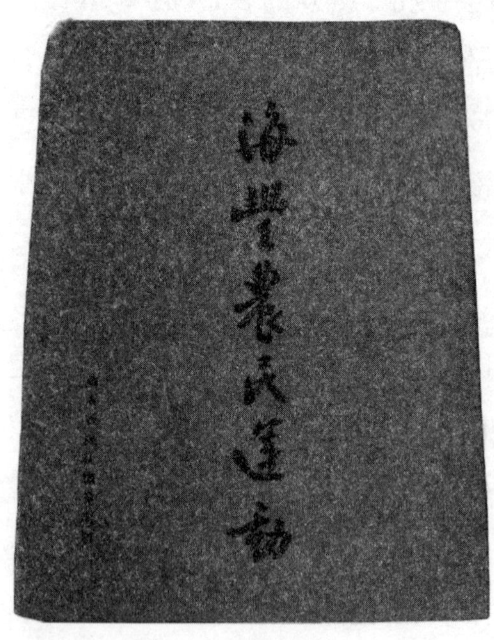

◁《海丰农民运动》封面

农会还成立济丧会，为丧者办新式丧礼。旧时海丰有个恶习，丧事大操大办，地主趁机放高利贷。济丧会由会员自由参加，无论哪个会员的家属或自己死了，由各会员出两毫钱来济丧，并为死者举行追悼会。参加者只参加悼念，不去死者家中大吃大喝。

在彭湃的领导下，海陆丰农村真正实现了一切权力归农会，出现了政治清明、群众安居乐业、精神面貌焕然一新的景象，被当时的报刊誉为“东方小莫斯科”。

海丰陆各地农会领导农民开展斗争，打击了反动势力，军阀和土豪劣绅蓄谋已久的镇压农民运动的事件终于爆发了。

1923 年 7 月 26 日和 8 月 5 日，海陆丰两县连续两次遭受台风袭击，造成了人民财产的严重损失，农作物颗粒无收。

彭湃同情农民疾苦，立即召开会议，通过“至多三成交租”的决议，并发表《为减租而告农民》的公开信。

农会于 8 月 15 日（农历七月初五）在海丰举行减租誓师大会，到会农民两万多人，陆丰总农会也派二百多名代表参加。彭湃在会上作了报告，群情为之激奋，高呼“农会万岁”，震撼了海丰城。

农会组织广大农民实现减租斗争，使海丰县长王作新和地主十分震惊，当晚即策划扑灭农会。8 月 16，即农历

△ 海丰县总农会旧址

七月初五凌晨，他们出动军警三百多人，突然围攻海丰县总农会，逮捕农会干部 25 人，并悬赏通缉彭湃。

在陆丰，县长罗辅平也出布告取缔农会，地主纷纷趁机反攻倒算。

“七五事件”发生后，为争取恢复农会，释放被捕会员，彭湃及战友林甦、李劳工等历尽艰辛，奔波于老隆、汕头、香港、海陆丰各地，争取外援，进行合法斗争。

农会积极分子以十人为一个小团体，秘

密活动，团结广大农民，坚持地下斗争。

海陆丰农民运动已成为中国农民反帝反封建斗争的一面旗帜，远在欧洲学习的周恩来在中共旅欧总支部理论刊物《赤光》杂志上著文指出："海陆丰百万农民的反抗运动……引起了地主的恐慌，农民是一支庞大的力量，中国农民是可以在不久的将来加入革命战线的。"

彭湃从关心农民的切身利益问题入手，提高农民的思想觉悟，大搞农民运动，为中国革命作出了卓越的贡献。

广州农民运动讲习所

（28 岁）

"七五事件"后，彭湃在陈炯明的白色恐怖中前往各地营救难友，不久被迫前往广州。

当时，农民要求武装自卫的心情极为迫切，他们问彭湃说：“你有枪没有？别的不用说。”

彭湃深感农民要夺取政权，只有政治斗争、经济斗争和自卫还远远不够，最重要的是要进行武装斗争。

1924年4月初，彭湃抵达广州。经组织提出，彭湃转为中国共产党党员。

按照党的安排，彭湃出任国民党中央农民部秘书。

5月中旬，彭湃以农民部秘书的身份到广宁进行十天的宣传发动农民的工作。

6月30日，国民党中央执行委员会根据彭湃的提议，决定开办农民运动讲习所，并派彭湃出任第一届农民运动讲习所主任。

彭湃鉴于武装革命的重要性，特地安排学员到黄埔军校接受十天的军事训练，以后军事训练成为历届定制。

7月3日，第一届农民运动讲习所在广州越秀南路惠州会馆开学。

第一届主任为彭湃，教员有谭平山、阮啸仙、罗绮园、鲍罗廷、加伦、弗朗克等人。招收学员38人，其中共产党员和社会主义青年团员20人。

孙中山曾于8月21日到所参加第一届毕业典礼暨第二

△ 阮啸仙

△ 谭平山

届开学典礼，对学生作了讲演。

第一届学员获得毕业证书的有33人，其中女生2人，被国民党中央农民部委任为农民运动特派员的有24人，分赴广东各县开展农民运动。

第二届学员于同年8月21日开学，所址仍在惠州会馆，课堂设于国民党中央执行委员会礼堂。因从8月开始，广东组建农民自卫军，彭湃出任团长，工作太忙，只能兼课，所以改由罗绮园担任主任，教员有罗绮园（兼）、谭平山、阮啸仙、彭湃（兼）等。

第二届学习两个月，学员225人，毕业142人，其中女生13人。毕业生大多数担任农民运动特派员，从事组织农民协会工作。

第三届招生128人，1925年元旦开学，所址移至东皋大道1号，原为反动商团头子陈恭受的别墅，即广东省农民运动协会所在地。阮啸仙出任主任，教员有阮啸仙（兼）、廖仲恺、彭湃（兼）、陈延年、鲍罗廷、加伦等人。4月3日毕业，毕业学员114人，大多数派往各乡训练农民自卫军。

第四届招生98人，同年5月10日开学，所址仍在东皋大道1号。谭植棠出任主任，教员有阮啸仙、彭湃（兼）、赵自选等人。这一届实际上课两个多月，毕业学员76人，其中正取生51名，旁听生25名，除16名留所见习外，其余均回原籍从事农民运动。

第五届分甲乙两班，甲班64人，乙班50人，所址仍在东皋大道1号。主任由彭湃担任，但他在开学后常到农村指导工作，由罗绮园担任代主任，教员有毛泽东、罗绮园、阮啸仙、鲍罗廷、马也夫等。9月14日开学，12月8日毕业，为期三个月，毕业学员114人。

第一至四届学员多数来自广东各地，第五届学员来自全国各省，这说明革命运动逐渐向全国展开了。

前四届学员多为工农子弟，第五届开始有中学生入学了。

1926年3月19日，国民党中央党部第十三次会议讨论通过了农民部提出的第六届农民运动讲习所开办事宜，定办学经费为7980元，并请毛泽东出任这届农民运动讲习所所长，于革命军北伐开始时举办，以番禺学宫为所址。讲习所本部下设政治训练部、教务部、军事训练部和事务部。

第六届农民运动讲习所改主任制为所长制，毛泽东任所长。1926年5月3日开学，至9月11日毕业。招收学员327名，毕业318名，

▽ 广州农民运动协会旧址

是历届农民运动讲习所中人数最多的一届。学员来自 20 个省（区），已具有全国性规模。本届学员授课 13 个星期，共有学科 25 门。毛泽东讲授《中国农民问题》、《农村教育》和《地理》；周恩来讲授《军事运动与农民运动》。讲授者还有其他共产党人和国民党人。这一届学员由总队长赵自选等人负责实行正规的军事训练，时间为 118 小时。学员还对各省农民问题和农村实际情况进行了调查研究，这种密切联系实际的教学方法，大大提高了学员的理论水平和实际工作能力。

同年 9 月，北伐战争胜利进展，共产党领导下的农村革命浪潮一浪高过一浪。为适应形势，第六届农民运动讲习所的学员提前结业，或直接参加东征、南讨和北伐战争，或返回家乡发展党团组织，壮大革命力量，或创办地方性的农民运动讲习所、农训班，培训农民骨干，或以农民特派员的身份建立农运机构，带领农民打土豪、分田地，成为农运的骨干力量。

农民运动讲习所安排的学习内容主要以研究中国革命的基本问题——农民问题为中心，尤其注重军事训练。

讲习所开设了二十多门课程，如《三民主义》、《帝国主义侵华简史》、《中国民族革命史》、《各国革命史》、《社会学浅说》、《政治经济浅释》、《各国政党状况》、《法律常识》、《中国秘密社会简史》、《每周政治报告》、《农民运动之理论》、《中国农业情形及改良方法》、《农村教育》、《合作运动与农村之关系》、《中国工人运动及工人状况》等，还规定了严格的纪律。

历届农民运动讲习所的教员基本上是共产党人，一些国民党人也曾在农民运动讲习所任教。

先后到农民运动讲习所讲课的共产党人有彭湃、谭平山、阮啸仙、罗绮园、陈延年、谭植堂、唐澍、赵自选、毛泽东、周恩来、

▽ 毛泽东主办的中央农民运动讲习所旧址

李立三、恽代英、萧楚女、张秋人、安体诚、周其鉴、于树德等。

国民党人到农民运动讲习所讲课或演讲的有孙中山、廖仲恺、何香凝等。

孙中山十分关心和支持农民运动讲习所的工作，第一届农民运动讲习所学员举行毕业典礼时，他亲自到会致训词。他说："学生诸君，你们这次毕业，到各乡村去联络农民，这是我们国民党做农民运动所办的第一件事。"他号召全体学生把学到的知识贯彻到实际行动中去，切实执行国民党"一大"确定的

▽ 第六届农民运动讲习所教室

“扶助农工”政策，大力开展农民运动。

广州农民运动讲习所，从1924年7月至1926年9月，总共开办了六届，共培养了约800名毕业生，其中很多人成为农民运动和第一次国内革命战争的领导骨干，对中国革命作出了重大的贡献。

农民运动讲习所是第一次国共合作时期培养农民运动干部的学校，在中国现代教育史上占有重要的地位。

第一次东征

☆☆☆☆☆

（29岁）

1924年1月，在广州召开有共产党人参加的国民党第一次全国代表大会，以国共合作为标志的革命统一战线正式建立。

在这一新形势下，彭湃积极参与中共广东区委和国民党中央农民部的工作，以主要精力领导农民运动。

海陆丰农运干部李劳工、林甦、张威等也先后前往广州参加学习或工作，杨其珊、郑志云、彭汉垣、陈修、庄梦祥等仍留在海陆丰指导农民秘密活动。

1925 年初，盘踞在东江的军阀陈炯明在英帝国主义和北洋军阀段祺瑞的支持下妄图进攻广州，推翻广东革命政权。为了统一广东，孙中山大元帅府决定出师东征。

出师前，党和彭湃派遣李劳工在广州手车工俱乐部中选了六十多名精干的海陆丰籍工人，经短期训练组成东征先遣队，为东征军做向导，并派遣在广州的张威、林务农等潜回海陆丰做内应。

张威、林务农等回到海陆丰后，分头联系农会的秘密组织“十人团”、“贫人党”，搜集军事情报，准备武器，积极做好内应。

东征军以黄埔军校学生组成的教导团为主力，在校部主任周恩来的指挥下，英勇善战，所向披靡，于 2 月 27 日占领海丰县城，3 月 1 日占领陆丰县城。

东征军到处受到百姓的热烈欢迎，彭湃随军回到海丰。

3 月 1 日，海丰各界人民在龙舌埔举行联欢大会，周恩来、彭湃、谭平山、顾问加伦将军以及许崇智先后讲了话。

他们热烈赞扬海陆丰农民积极支援东征，或做向导，或做侦探，或担任运输，或骚扰敌人后方，功劳甚大，牺牲也很大。周恩来对重建海陆丰党、团组织问题作了非常重要的指示，并亲自参加团海丰特别支部会议。他非常重视建立农民武装，为此，委派共产党员、黄埔军校毕业生李劳工、吴振民等人留在海丰，组织训练农民自卫军。

周恩来率军乘胜追击，重创敌军，很快克复东江地区，陈炯明残部逃往闽南。

△ 参加第一次东征的粤军第二师部分官兵

革命军东征取得胜利，为农民运动创造了广阔的天地。

彭湃留在海陆丰工作后，在他的领导下，一方面积极筹备建立党、团组织，于4月1日正式成立了中共海陆丰特别支部，由彭湃出任书记；中国共产主义青年团也建立了海丰、陆丰特别支部。从此，共产党及其助手青年团全面地领导了海陆丰的革命斗争。另一方面，依靠前期农民运动积极分子筹备成立两县农民协会，并委任特派员到各区把乡农民协会建立起来。

在组织农民的过程中，建立农民自卫军被列为首要任务，彭湃指出:“当此镇压反革命之时，农民非有武装不成。”

3月16日，海丰农民自卫军成立，李劳工出任总队长，设常备农军两个排，同时设立农民自卫军训练所，并在乡村中建立不脱产农军。

5月初，彭湃指派李劳工到陆丰建立常备农军一个中队，随后合并常备农军为海陆丰农民自卫军大队，成为中共海陆丰独立领导下的一支农民武装力量。

为了消灭军阀的残余势力，农军进行了收缴军阀余孽、豪绅地主暗藏枪支的激烈斗争。海丰农民逮捕了马剑郎，陆丰新田农军围攻横陇大地主刘锦芳，河口农军围攻昂塘军阀余孽叶厚庵，收缴了他们的枪支，用以装备自己。

海丰的农民运动原有深厚的基础，因此东征后的恢复和发展异常迅速。县长由彭湃之兄彭汉垣担任。他忠实地执行孙中山的三大政策，积极扶持工农运动，坚决打击贪官污吏、土豪劣绅。

为支持海丰农民革命运动，广州特派第三届农民运动讲习所武装考察团，在林甦率领下抵达海丰城，慰问并赠送农民自卫军一批弹药。

在农运蓬勃发展的形势下，培养干部成为当务之急。为此，举办了海丰农民运动讲习所，彭湃亲任所长，李国珍、吴振民、杨嗣震、聂奇等担任教员。学员 42 名，其中 6 名是女学员。第一届农民运动讲习所结业后，一半学员留在海丰，一半学员分配到陆丰、饶平、潮安、普宁、揭阳、五华等县做农运工作。

海丰县农民协会在县城召开了第一次农民代表大会。大会通过了五项决议案：(一) 工农联合；(二) 封锁香港；(三) 武装全县农民；(四) 巩固各级协会的组织；(五) 肃清反革命。大会最后选举了执行委员。这时，全县已成立了乡农会四百七十七个，会员达十七万五千七百余人。

8月15日是陈炯明镇压海陆丰农民运动两周年纪念日，海丰农民在县城举行大会，到会者七万余人。会后武装游行，高呼“毋忘‘七五’纪念日”、“打倒一切摧残农民的敌人”、“打倒帝国主义”、“打倒军阀”、“减租胜利万岁”等口号，斗志昂扬，声势浩大。

陆丰县农会在东征后得以恢复，并在各区乡普遍宣传发动组织农民协会，但县长徐健行是个混进革命阵营的右派分子，他勾结贪官污吏、土豪劣绅为非作歹，苛捐杂税，勒索贫民。县农民协会派代表质问他时，他竟以军警相威胁。那时，县常备农军尚未建立，中共海陆丰特别支部有鉴于此，由彭湃亲率海丰农民自卫军及农民运动讲习所学员共一百余人，全副武装开赴陆丰城。徐健行做贼心虚，闻讯潜逃。彭湃召集陆丰各界会议，一致决定“驱逐徐健行”。彭湃还提出组织粮食救济委员会、取消苛捐杂税、逮捕阻碍工农运动的土豪劣绅、保障农民协会权益等条款，责成县公署官员切实执行。

6月2日，共产党员刘琴西出任陆丰县县长。刘琴西与共产党员李劳工、张威、郑重、庄梦祥、黄振新等人一道组成陆丰领导核心，厉行改革，刷新政治，全力发展农民运动，组建脱产和不脱产的农民自卫军。刘琴西经常深入农村，关心农民疾苦，人们称他为“农民县长”。7月间，陆丰召开全县第一次农民代表大会。此后，陆丰农民运动形势大好，呈现出一派生机。

在中国共产党的领导下，农民、工人、妇女、学生、教师、商民等各阶层都被组织发动起来，投入了反帝反封建的革命运动。

第二次东征

（29-30岁）

正当海陆丰形势大好之际，由于广州发生滇桂军阀叛乱，东征军奉命回师平叛。

这时，流窜闽南的军阀陈炯明残部卷

土重来，窜犯陆丰。李劳工及张威率农民自卫军在湖东等地迎击敌人,曾取得一些胜利。9月22日,敌军出动数千重兵,重陷海陆丰。在敌强我弱的形势下，海陆丰农民自卫军及海丰农会、工会等团体奉命撤往广州郊区石龙。

海陆丰人民又一次陷入苦难之中，军阀军队与反攻倒算的地主豪绅相勾结，疯狂地进行清乡。李劳工在向海丰撤退时，不幸被捕，壮烈牺牲。海陆丰两县有近百人死于敌人屠刀下，财产损失无数。

这年10月，国民革命军举行第二次东征。

海陆丰农民自卫军在吴振民率领下配合东征军作战。东征军总主任周恩来亲临前线指挥，击溃布防海丰东都岭、宋公岭的陈炯明属下洪兆麟部，于当天攻克海丰城。

次日，东征军乘胜追击，又击败了布防于公平镇一带的敌人。

东征军三路纵队攻无不克，在近一个月时间全歼军阀队伍，收复东江地区。

彭湃又随军回到海丰，在海丰城成立了中共海陆丰地方委员会，彭湃出任地委书记，郑志云为组织委员，李国珍为宣传委员，并在陆丰设立特别支部。

次年3月，根据团粤区区委指示，海陆丰两县团组织合并成立团海陆丰地方委员会。

△ 第二次东征出发的军队

自第二次东征胜利后的一年多时间，广东和全国的形势发生了很大的变化，北伐节节胜利，革命势力发展到长江流域，有力地打击了帝国主义扶持的北洋军阀。

海陆丰农民运动在这种形势下取得了发展，掀起了新的高潮。广大农民组织起来，普遍成立农民自卫军，坚决打倒土豪劣绅，实行以减租为中心的经济斗争。

海陆丰两县农民协会在第二次东征后迅速恢复，海丰有区农会 11 个，乡农会 660 个，会员总数 19 万人；陆丰有区农会 10 个，乡农会510个，会员总数6.5万人。海陆丰两县农会总数占全省会员数的百分之四十一。

作为农民协会支柱的农民自卫军这时也得到发展壮大，海陆丰农民自卫军大队原有两个中队。1926年冬，彭湃开办了一所为期半年的农军干部训练班，人数150人，常备农军总数合计300余人。他们一色制服，一律配备五响钢枪，有一尊大炮。从装备到军事素质都与正规军无异，绝对服从中共海陆丰地委领导。

各区农会都有脱产的几名至十名的区农自卫军，乡农会组织都建立有不脱产的农民自卫军。这种主要以大刀、尖串、火药枪为武器的乡村农军在海陆丰多达二三万人。

农民有了枪杆子，便把斗争目标指向土豪劣绅、军阀余孽和贪官污吏。海丰的广大区、乡真正做到"一切权力归农会"。农民联系他们最切身的利益实行减租，县农民协会制发减租证，会员凭证减租三成。有的区农会出布告规定不许田主吊佃，田主持有区、乡农会字条，才可以按指定的数额收租。有不少地方的佃农拒绝向田主交纳地租，农民自行实现"耕者有其田"了。随着农村统治权的更迭，土地关系变化，促进了生产力的发展，农民生活有所改善，广大农民的革命热情更为高涨，积极支持国民革命。

在彭湃的领导下，各阶层人民成立了各种组织，在国民革命中发挥了重要作用。海陆丰两县都成立了县总工会筹备处，发表工会条例草案。海丰在一个多月的时间就成立了20个行业工会，将各行业的手工业工人组织起来。与此同时，两县妇女解放协会、新学生社、学生联合会、教职员联合会、青年农工俱乐部、劳动童子团等团体组织也先后建立。这些团体在打倒列强、打倒军阀、实现国民革命的口号下，把各阶层人民群众组织起来，和广大农会会员一道汇成一支强大的革命力量。他们互相支援，保护自己的权益。

党团组织在彭湃的领导下，通过各种纪念节日活动，以及通过《海丰日报》、海丰的《农工周刊》、陆丰的《陆丰青年》等报刊，扩大社会宣传，在思想上教育和鼓舞群众。

海陆丰的人民群众越来越广泛地卷入到反帝反封建斗争的洪流中去。他们发起支援省港大罢工，反对英帝国主义制造万县惨案，反对帝国主义文化侵略等斗争活动，密切配合了全省、全国日益高涨的革命群众运动。

彭湃不断加强党的领导，坚决打击右派，

依靠农民武装镇压反革命，巩固革命阵地。国民党右派极端仇视农民运动，压迫各地农民协会的事件屡见不鲜。中共海陆丰地委在广东区委的领导下，坚持革命统一战线，坚持党对革命的领导权。第二次东征后任陆丰县长的李崇年是个右派分子，多方刁难农会，压迫群众。陆丰县农民协会根据地委指示，组织了全县规模的“驱李运动”，李崇年终于被赶跑。

随着农村阶级斗争的深入开展，以及外地反动逆流的影响，陈炯明的潜伏势力在陆丰开始抬头。他们勾结不法地主组织反动武装“讨赤军”，盘踞西山、剑门、黄塘、上沙等乡。陆丰县农会曾多次致电国民党中央，要求派兵剿办，但未见行动。东江绥靖委员何钦应反而出布告指责农会“聚众示威”，“驱逐县长”。陆丰西北部农军曾几次攻打“讨赤军”，但未获胜。

海陆丰地委在彭湃领导下，派吴振民大队长率海陆丰农军大队，配合陆丰乡村农军一举攻克西山、剑门、黄塘。反动武装慌忙逃到上沙，凭险固守。海陆丰农军便与五华、紫金农军相约，几千农军联合起来，声势浩大，分四路进攻上沙乡。不久，海陆丰农军大队突破敌人防线，上沙反动势力被迫投降，农会旗帜插遍了陆丰广大乡村，海陆丰革命阵地得到了巩固。

由于两县农民协会的权威空前提高，县公署议决事项时都要有县农民协会代表参加。第二次东征后的海丰县长李孝则和陆丰县长李秀藩都很尊重农民协会。

1926年年底，海陆丰共有党员700名。到了次年3月，已经增至4000名。

地委在这段时间连续举办两期党员干部训练班，以提高党的战斗力。共青团的组织也有了很大发展，公开号召青年参加到共青团中来。

海陆丰农民运动的高涨，引起了各界的关注。1926年8月，毛泽东主办的第六届广州农民运动讲习所派三百余学员到海丰学习，其中一个组到陆丰。他们把海陆丰农民运动的经验传播到全国各地。共青团广东区委机关刊物《少年先动锋》记者写了一篇《小莫斯科纪游》，高度赞扬了海丰的农民运动。毛泽东在他的著作《国民革命与农民运动》、《湖南农民运动考察报告》两文中也对海陆丰农民运动作了很高的评价。

㊀ 革命友谊

☆☆☆☆☆

（30–31 岁）

中国现代革命史上有三位杰出的农民运动领袖：一是彭湃，二是毛泽东，三是方志敏。广东有个彭湃，江西有个方志敏，湖南有个毛泽东。

方志敏与彭湃的友谊是在农民运动中建立起来的，方志敏曾到广州向彭湃学习。

1926 年 5 月 1 日，江西代表方志敏被派到广州，参加广东省第二次农民代表大会。在会上，他第一次见到了出席会议的彭湃和毛泽东。

到广州后，看到一派生机勃勃的景象，看到浓烈的革命气氛，看到崭新的

▷ 方志敏

革命标语，看到各地来参加会议的农民代表，方志敏心里非常振奋。他说："我从农民代表大会，从彭湃同志的谈话、演说、报告中，学得了许多农民运动的方法。"

5月3日，毛泽东主办的广州第六届农民运动讲习所开学，方志敏入所学习。彭湃向学员讲授《东江农民生活状况及开展农民运动的经验》，成了方志敏从事农民运动的导师。

方志敏对彭湃非常崇敬，他说："彭湃同志是广东农民群众中最有威信的一位首领。"

方志敏参加广东省农代会后，又参加了十万人的广州纪念大会，又到省港罢工委员会、石井兵工厂参观。

这次去广州，对方志敏从事农民运动产生了很大的影响，他下决心要为农民的利益干一番事业。

广东的农民运动发动起来后，毛泽东计划还要集中在湘、鄂、赣、豫四省开展农民运动。

1926年11月下旬，毛泽东出任中共中央农民运动委员会书记，赴长江沿线一带视察。方志敏接待从上海抵达南昌的毛泽东，完全赞同毛泽东提出的在武汉举办中央农民运动讲习所的倡议。

1927年1月，彭湃也到南昌视察工作，向市民作过多次公开演讲，与方志敏交往甚密。

1927年3月28日，彭湃、方志敏出席毛泽东在武汉主持召开的粤、湘、赣、鄂农民协会代表和河南农民自卫军代表联席会议。

会上，毛泽东提出“重新分配土地”的主张，得到彭湃、方志敏的坚决支持。会议成立了中华全国农民协会临时委员会，毛泽东、彭湃、方志敏等当选为执行委员。

一个月后，中共第五次代表大会在武汉召开，毛泽东、彭湃、方志敏都出席了会议。毛泽东最关注的是农民问题，他征求彭湃、方志敏等人意见，共同议定了一个重新分配土地的方案，但提交大会后没有引起重视，也没有把它拿出来讨论。

当时，党中央只是原则地肯定土地革命的重要性，没有采纳和提出解决土地问题的具体措施。毛泽东、彭湃、方志敏在解决农民土地问题上是有先见之明的。

1927年四·一二事变后，政治局势激变，江西省国民政府主席朱培德企图迫害共产党，要“礼送”方志敏等二十多名共产党员出境，派一营兵把省农民协会围住。方志敏事先得到消息，藏在省委机关秘密住地，暂时住下来。

这时，恰逢彭湃来到江西，他们在一起住了几天。这几天使方志敏永远忘不了。为了对付局势的变化，方志敏、彭湃一起研究对策，省委决定要方志敏到赣西去从事农民运动。

缪敏见局势危急，来到省委机关，为方志敏的安危担忧。方志敏向彭湃同志介绍说：“缪敏是我的未婚妻。”

彭湃看出他们已深深相爱，便说：“未

婚妻？你们怎么还不结婚？”

方志敏和缪敏一时语塞，脸都红了。

彭湃忍不住大笑说：“共产党人又不是和尚尼姑，来得早不如来得巧，就让我给你们做证婚人吧！”

在彭湃的催促下，6月5日，方志敏和缪敏结了婚。

在婚礼上，彭湃做了他们的证婚人，还写了一副对联：“坚决拥护中央政策，方缪双方奋斗到底；努力加紧下层工作，准备随时流血牺牲。”

在彭湃和当时江西省委书记罗亦农等人的见证下，在秘密机关二楼，方志敏和缪敏结为革命伉俪。几杯清茶代表所有的祝福，开会用的几条长木凳拼成一张喜床。

彭湃善解人意，做了这件顺人心意的事，使方志敏和缪敏终生难忘。

缪敏同志回忆说：“彭湃同志同我们谈话很风趣。他和志敏有时在寝室里细心交谈，显得很亲切，就像兄弟一般。到今天我回忆起彭湃同志那和蔼可亲的态度，印象还是非

◁ 缪敏

常深刻的。”

彭湃和方志敏这段时间的交谈，对方志敏以后从事农民运动、从事苏维埃事业起了很大促进作用，方志敏向彭湃学习到的农运方法更加具体了。

结婚后不久，方志敏到吉安、吉水、莲花、安福四县指导开展“二五减租”运动，采用的方法是先进行农民种田用费和纳租额的调查，说明农民租种地主的田都是亏本的。然后开群众大会，号召农民团结起来，同产生贫困的根源作斗争。

彭湃从 1922 年起，深入农村调查研究，用算账的办法唤醒农民，使他们团结起来走上革命道路。方志敏在四县采用的方法与几年前彭湃在海陆丰等地从事农民运动的方法极其相似。

彭湃和方志敏的友谊之花，在江西大地结出了丰硕之果。

武装斗争时期

（1927—1929）

南昌起义

☆☆☆☆☆

（31 岁）

第一次国内革命战争又称“大革命”，指 1924 年至 1927 年中国人民在中国共产党和中国国民党合作领导下进行的反帝反封建的革命斗争。

清朝灭亡后，在帝国主义的指使下，中国各派军阀之间混战不休，激起了人民的强烈反对。

1923 年 6 月，中国共产党第三次全国代表大会确定全体共产党员以个人名义加入国民党，与国民党建立革命统一战线，反对军阀统治。

1926 年 2 月，中国共产党向全国人民明确提出了出兵北伐推翻军阀统治的

△ 四·一二事变中被关押的民众

政治主张。同年7月6日，国民革命军总司令部在广州成立。7月9日，国民革命军的八个军约十万人兵分三路，从广东正式出师北伐。

北伐军在不到半年时间里，就从珠江流域打到长江流域，直指黄河流域。北伐战争沉重地打击了帝国主义的在华势力，动摇了北洋军阀的统治，有力地推动了全国革命形势的发展。

革命的迅猛发展直接威胁到帝国主义的

在华利益，使国内外反动势力大为恐慌。于是，他们急于从革命统一战线内部物色新的代理人，要里应外合扼杀革命。这时，以蒋介石为代表的资产阶级右派迫不及待地投靠帝国主义和封建买办势力，阴谋篡夺革命领导权，在赣州、南昌、九江、安庆等地不断制造反共暴行 。

1927 年 4 月 12 日，在蒋介石指使下，反动武装在上海血腥屠杀共产党人，制造了四·一二反革命政变。

同年 4 月 18 日，蒋介石在上海成立上海国民政府，与武汉国民政府相对抗。7 月 15 日，武汉国民政府主席汪精卫在武汉召开国民党中央“分共”会议，正式决定和中国共产党决裂。

此前，得到国共普遍认可的国民政府是武汉国民政府，七·一五政变标志着第一次国共合作已经全面破裂，也标志着大革命的彻底失败。

为了反抗国民党反动派的屠杀政策，挽救中国革命，中共中央于 7 月 12 日进行改组，停止了中央委员会总书记陈独秀右倾机会主义的领导。7 月下旬，决定集合自己掌握和影响的部分国民革命军，并联合以张发奎为总指挥的第二方面军南下广东，会合当地革命力量，实行土地革命，恢复革命根据地，然后举行新的北伐。

李立三、邓中夏、谭平山、恽代英、聂荣臻、叶挺等在九江具体组织这一行动，但发现张发奎同汪精卫勾结很紧，并在第二方面军中开始迫害共产党人。于是，他们向中共中央建议，依靠自己掌握和影响的部队在南昌暴动。

据此，中共中央指定周恩来、李立三、恽代英、彭湃等组成中共中央前敌委员会，以周恩来为书记，前往南昌领导这次起义。

预定参加起义的部队有国民革命军第二方面军第十一军第十师、第二十四师，第二十军全部，第四军第二十五师第七十三团和第七十五团，以及朱德为团长的第五方面军第三军军官教导团一部和南昌市公安局保安队一部，共两万余人。

从7月25日起，第十一军、第二十军分别在叶挺、贺龙指挥下向南昌集中。

7月27日，周恩来、彭湃等到达南昌，组成前敌委员会，进行起义的准备工作。

8月1日2时，在周恩来、贺龙、叶挺、朱德、刘伯承、彭湃的领导下，南昌起义开始。

按照中共前委的作战计划，第二十军第一师、第二师向旧藩台衙门、大士院街、牛行车站等处守军发起进攻；第十一军第二十四师向松柏巷天主教堂、新营房、百花洲等处守军发起进攻。

激战至拂晓，全歼守军三千余人，缴获各种枪支五千余支，子弹七十余万发，大炮数门。

当日下午，驻马回岭的第二十五师第七十三团全部、第七十五团三个营和第七十四团机枪连，在聂荣臻、周士第率领下起义，于8月2日到达南昌集中。

起义成功后，中共前委按照中共中央关于这次起义仍用国民党左派名义号召革命的指示精神，发表了国民党左派《中央委员会宣言》，揭露蒋介石、汪精卫背叛革命的种种罪行，表达了拥护孙中山三大政策和继续反对帝国主义、封建军阀的斗争决心。

8月1日上午，召开了有国民党中央委员、各省区特别市和海外党部代表参加的联席会议，成立了中国国民党革命委员会，推举邓演达、宋庆龄、何香凝、谭平山、吴玉章、贺龙、林伯渠、叶挺、周恩来、张国焘、李立三、恽代英、徐特立、彭湃、郭沫若等25人为委员。

革命委员会任命吴玉章为秘书长，任命周恩来、贺龙、叶挺、刘伯承、彭湃等组成参谋团，作为军事指挥机关，刘伯承为参谋团参谋长，郭沫若为总政治部主任，并决定起义军仍沿用国民革命军第二方面军番号，贺龙兼代方面

▷ 领导南昌起义的中国共产党前敌委员会成员彭湃

军总指挥，叶挺兼代方面军前敌总指挥。全军共两万余人。

8月2日，南昌市各界群众数万人集会，庆祝南昌起义的伟大胜利和革命委员会的成立。会后各界青年踊跃参军，仅报名的学生就有数百人。

南昌起义后，汪精卫急令张发奎、朱培德等部向南昌进攻。

8月3日起，中共前委按照中共中央原定计划，指挥起义军分批撤出南昌，沿抚河南下，计划经瑞金进入广东省，先攻占东江地区，发展革命力量，争取外援，然后再攻取广州。

南昌起义是中国共产党直接领导的带有全局意义的一次武装暴动，打响了武装反抗国民党反动统治的第一枪，宣告了中国共产党把中国革命进行到底的坚定立场，标志着中国共产党独立创造革命军队和领导革命战争的开始，并为创建人民军队打下了坚定的基础。

彭湃参加了著名的八一起义，成为党领导起义的重要成员。前敌委员会由周恩来、李立三、恽代英、彭湃四人组成，在起义中起到了决定性的作用。

起义第三天，彭湃随军南下，与周恩来将起义部队大部分带到潮汕，同海陆丰农民斗争结合起来，建立了革命政权和根据地。

彭湃领导南昌起义的历史，备受江西人民的尊敬。

南 下

（31 岁）

8月11日，起义部队撤出南昌。

彭湃领导参加起义的广东农民自卫军改编为广东工农革命军，彭湃担任总指挥，一路上攻下了许多县城。

张国焘负责的农工委员会有40人，其中包括彭湃、李立三、郭亮等。行军中，每天要安排住宿、警戒和了解情况。这些事都有分工，由张国焘负总责。他觉得太累，打不起精神开会，也无心组织沿途的工农运动和建立地方政权。他的口号是“走到底就是胜利，至于其他以后再说”。

当他们走到宁都附近一个村子时，

农工委员会被安排在一所单独的大地主庄院中。

院子很大，四十多人住进去还绰绰有余。彭湃是个朝气蓬勃的人，虽然也累，可总能听到他的笑声和歌声，因此他在军中有“快乐之神”的雅号。

人们住下后，彭湃挨着门巡视。当他走到一个房间时，发现其中一个年轻人他不熟悉，而且有点鬼鬼祟祟。彭湃警觉起来，便不动声色地坐下和那年轻人攀谈，假装是混

▽ 长汀

进起义队伍的人。那个年轻人信以为真，说出实情：国民党除了派兵堵截起义军外，还派出了 AB 团分子潜入起义军驻地，伺机进行袭击和破坏。

AB 团是国民党在江西的一个反共秘密组织，由蒋介石所委派的整理江西党务特派员殷锡朋领导，AB 二字母是 Anti Bolsheviks 的缩写。

当时，有二三十个 AB 团分子拟定了袭击农工委员会的计划，这个鬼鬼祟祟的青年就是他们派来侦察动静的。

彭湃假称他能里应外合将农工委员们一网打尽，那青年听了喜不自胜，忙把彭湃带到一个山岗的树林深处，和他另外四个同党会面。其中一个年龄大些的左看右看了一阵，有些怀疑，问彭湃道："你果真愿意投靠我们？"

彭湃装得很像，大声说："是啊，不然我到你们这里来干什么？"

那家伙仍然不信，对彭湃说："既然如此，你把你们大官住的房子说出来！"

彭湃说："好，我已经写在纸上了。"

说着，彭湃向怀里掏纸，可是他掏出的是一把手枪，一下抵在那家伙的脑壳上，大喊一声："都不许动！把你们的枪放在桌子上！"

五个人都被这突然的举动吓坏了，老老实实地交出了手枪。

彭湃将他们带到驻地，让人看管起来。他将情况向张国焘一说，张国焘有些紧张，吩咐夜里多加岗哨。这件事给了张国焘很深的印象，所以他后来在中央苏区大搞打击 AB 团，疑神疑鬼，错杀了许多人。

当他们乘船由长汀向上杭出发时，没有雇到当地的船夫，也没有问明河流和沿途情况，便租了两条船，自行驾驶，顺流而下。谁知行驶不远，河流湍急，河中到处横亘着巨石。驾船的人紧张起来，忙用桨和篙去撑，结果船没有撑开，人反而纷纷落水，篙桨俱毁。幸水浅而不致丧生。这样走了约 60 里，到了实在无法再行进的时候，只好弃舟上岸步行。可登岸后又走到了一片荒无人烟的区域。这支又饿又累的农工委员会队伍只得循着山涧小路，攀着枝藤一步一步往前走，天已漆黑，还找不到有人的地方。大家不免有些紧张，也不敢乱闯，就坐在路边等着。大约晚上 10 点多钟，才遇到几个过路人，忙上去打探，可说的话一句也听不懂。好在有人会闽南话，上去一交谈，才知前面是武平县附近的一个市镇，武平县和这个市镇都被土匪占领了，他们是逃难出来的。

彭湃半信半疑地说：“那我们是走到土匪窝里来了！是真的？”

过路人神色紧张地说：“怎么不真啊？这股土匪可凶啦，你们这些人一进去就别想出来啦。不信可以去看看，我们逃出来时他们正在街上演戏取乐，那个市上的商人都与土匪串通一气的。”

彭湃问道：“有多少人？”

那人回答道：“大概有三四百啦。”

彭湃故作镇静地说：“土匪嘛，没关系。我们正是来找土匪的，我们的大军在后面很快就要到了。”

等这几个人一走，彭湃说：“我们没有别的办法了，只有单刀赴会，大摇大摆地进了这个市镇再说。”

张国焘无计可施，只好同意，于是农工委员会的队伍摇身变成了一支打前站的部队。司令官由白白胖胖颇有架势的张国焘装扮，其余委员都装成士兵模样，循着一条小路进入市镇，并在街头一个小店住了下来。

扮演卫士的小个子郭亮演得十分逼真，在那里大叫口令，个子虽小嗓门和声势却特别大。

郭亮对店老板说："你去通知土匪司令，说我们司令有令要他们继续演戏，我们的前站部队今晚就住在街上，不到市内去，以免引起误会。"

店老板既怕官又怕兵，与土匪通报消息后，演戏停止，并派出警戒，但没有其他动作。

在小店里的农工委员们又累又饿，顾不得外面发生什么情况，先买了饭菜填饱肚皮。

这时，委员们注意到店里新添了两个伙计，估计是土匪派来探听虚实的。吃饱后，张国焘继续演他的司令，对着店老板和两个新伙计说："你们知不知我们的大军在会昌打垮了钱大钧部的消息？"

他们说："听说过。"

张国焘说："我军是要攻取大城市和打天下的，与这里的山大王没有什么利害冲突。你们可以通知司令来这里和我见见面，我军可以委任他一个名义。"

其中一个人说："他们的司令不在此地，这里只有一个支队小司令。我可以将你们的意见转告于他们，但那位大司令能不能赶到此地和贵军会面，那就说不定了。"

第二天清晨，当农工委员们整装待发时，土匪方面派来了一个向导，领他们翻山越岭走到一条河边的小镇。这条河就是他们前一天遭遇重重险象的汀江。

那个向导在途中向他们表示说："我们司令是很讲义气的，决不会和大军为难。如果大军沿途有掉队的，我们司令一律加以优待。将来，说不定我们司令还要找贺总指挥呢。"

农工委员们一听这话，心想这些所谓土匪，很可能是占据一方的自发的农民武装，于是也就都放下心来，并在镇子上雇了两条船，向上杭方向进发。

到了上杭，大家的话题仍是土地革命政策。这个问题讨论了一路，而争论最多。张

▽ 土地革命的政纲

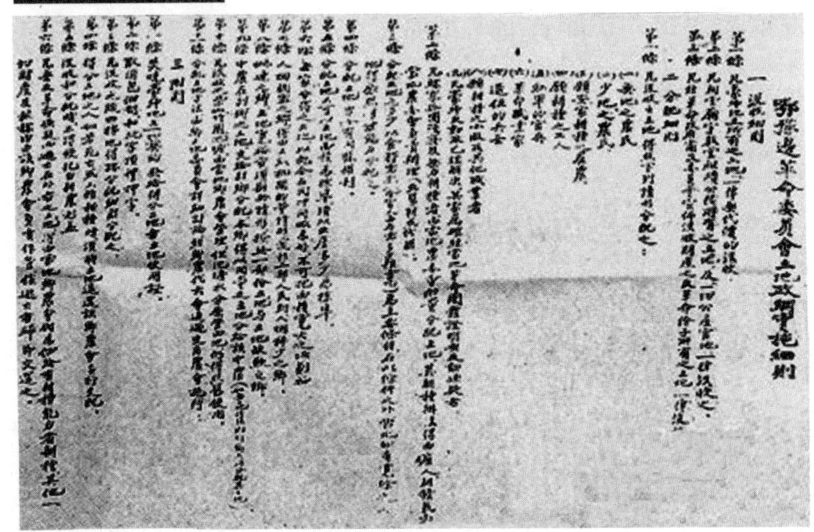

鄂豫边革命委员会土地政纲实施细则

一 没收细则

二 分配细则

三 刑则

国焘一路少言寡语，开会时也是情绪不佳，但现在讨论的是农工委员会的主项，他不能不发言。他说："既然 200 亩等于没有限制，而不定个标准就没有章程，'没收土地'这种口号会侵犯小资产阶级的利益。在现阶段，我们应对小地主予以保护，所以我认为可以将'没收土地'的口号改为'没收 50 亩以上大地主的土地'，你们看怎么样？"

话音刚落，回答的是一片反对之声："50 亩？有 50 亩地的农民也不少，这不是穷人斗穷人吗？"

张国焘的方案未获通过，决定还是"没收土地，使耕者有其田"。

第二天，中共广东省委送来一份关于土地革命的详细政纲，其中规定没收 30 至 50 亩以上地主的土地，对于其他依靠田租为生活者的土地，不予没收。

来自海陆丰的彭湃对这一点始终有自己的见解，每次开会他都反对张国焘的意见，这次也不例外。他说："起义军一路上没有实行土地革命，没有分配土地，当然是因行军急骤的限制，但主要的还不是时间问题，而是张国焘不想干。"

战广东

☆☆☆☆☆

（31 岁）

周恩来在长汀召开了前敌委员会，对攻取广东省东江地区的计划再进行一次详细的讨论。

会上有两种意见。周恩来、叶挺主张让主力军由三河坝经淞口取梅县，再经兴宁、五华取惠州，以小部分兵力至多两个团取潮汕。他俩认为这样做有两个好处，一是潮汕敌军兵力空虚，又无险可守，可不战而得；二是如果先以主力取潮汕，再折回来取兴宁、五华攻惠州就过于迂缓，会使敌人有时间集中兵力和抢占有利的地形。

另一种意见是贺龙和刘伯承提出的，

△ 参加广州起义的教导团炮兵

他们主张以主力取潮汕，留一小部分兵力于三河坝监视梅县之敌，再经揭阳出兴宁、五华，攻惠州，占领广州。他们主要是担心敌人死守潮汕，不能很快攻下，就难以取得国际的接济。

由于苏联顾问纪功的坚持，再加上一般军官在长期行军后渴望得到一个地方好好休息，多赞成这种主张，于是会议决定采纳后一个方案。

大部队在上杭休息了两三天，就陆续向广东的大埔挺进。

这一带青山滴翠，碧峰堆云，涧内飞泉瀑布，如同仙境一般。

到了大埔，民众自动来为他们担任侦察，报告敌人的情形。

三河坝中学的一个爱国学生在起义军还没有开到以前就缴了驻军的一支枪，起义军战士感慨道：“江西与广东的民众对我们的态度真有天渊之别呀。”

张国焘这才轻松一些，由大埔改乘较大的民船，沿汀江直指三河坝。

三河坝是汀江、梅江和韩江的汇合处，地处闽粤赣三省交界，是水陆交通要冲，战略地位极其重要，也是起义军行进途中的一个枢纽。

张国焘到达后，就听见参谋团报告驻在梅县的敌军黄绍竑部有一团兵已到达离三河坝只有 30 里的淞口，可以在三小时之内攻击红军。三河坝周围还有一些民团，准备做黄部的内应。张国焘吓慌了，立即将朱德和彭湃找来商议对策。

这时，起义军的主力已经在 300 里以外的潮汕；而李立三、周士第所带的队伍还在上杭一带，要两三天才能赶到。张国焘十分害怕，怕红军孤悬在这里得不到援救。

朱德与彭湃很镇静，不失英雄本色。

朱德说：“不要紧张，我以第九军军长的名义，向淞口方面派出警戒，并封锁消息，让他们不知我们到底有多少兵力。”

彭湃说：“镇上的民团我来解决。”

彭湃说完，拔出手枪检验了一遍，马上集合十几个人的短枪队出发了。

城里摆出了空城计，按照朱德和彭湃的安排，张国焘壮起胆扮演司令的角色，在一所大房子里款待镇上的绅商，故作悠闲之状。

彭湃熟悉本地情形，带着十几个人顺利地将镇上的民团缴了械，还搜捕了隐藏在镇子里的十多个携带短枪的人，其中有 AB 团的人，也有黄绍竑的密探。

只用两三个小时，起义军就控制了整个三河坝。

朱德带着由机关的二十多人组成的长枪队，在离三河坝八里外的地方与黄绍竑的先头部队接上了火。黄部不知虚实，打了几枪就朝淞口方向退却了。

朱德派八个人对敌人虚张声势地追击一通，朱德本人则奔走于三河坝与前线之间，摆出军长的架势，发出很大的动静，敌人误以为大军在此，连镇子里的绅商也不知虚实，到张国焘面前参拜的人越来越多。

两天后，李立三和周士第两部陆续到达。

张国焘、李立三和彭湃率领革命委员会各机构，由保卫处的一连人护卫，沿韩江分水陆两路向潮汕前进。

周士第的二十五师以及朱德的一部分人留在三河坝，监视梅县的钱大钧部，掩护全军的侧背。

周恩来、贺龙、叶挺、刘伯承等率领的第二十军和第十一军第二十四师按预定计划直下潮汕，潮汕之敌没有进行什么抵抗就分路撤离了。

9 月 23 日，起义军顺利进占潮州。24 日晨，汕头也光复了。

党组织成立慰问队，向牺牲同志的家属进行慰问。有的工人要求跟起义军走，他们愿意当向导，抬担架，搞炊事，抢着牵马、扛枪，

▽ 起义军曾在此地（江西省长公署）与守军激战

有许多市民还收集食物，把家中喂养的鸡、鸭和鸡蛋送到起义军手里。

在黄埔军校时，周恩来曾被任命为这里的行政长官，熟悉这里的一切，对这里民众革命的积极性也非常了解。根据周恩来的建议，任命李立三为汕头公安局长，刘伯承为军政学校校长，彭湃为东江工农自卫军总指挥，周逸群为潮汕警备司令，郭沫若为政府海关交涉使和海关监督。

起义军在汕头召开了群众大会，到会群众万余人。

周恩来、贺龙、叶挺、彭湃都出席了大会，周恩来和彭湃在大会上讲了话。

9月26日，贺龙、叶挺率起义军西进，准备夺取惠州，彭湃率东江工农自卫军总指挥部人员随行，负责建立地方政权和后勤工作。

9月28日，起义军在汤坑、山湖与敌军激战一天多，终因寡不敌众，战斗失利，起义军开始向海陆丰方向转移。

部队到达莲花山时，遭到敌军截击，伤亡很大。

1927年9月30日，南昌起义部队来到普宁流沙镇，指挥部设在流沙教堂里。

10月2日，革命委员会以及指挥部成员联合举行紧急会议，会议由周恩来主持，参加会议的有张太雷、彭湃、刘伯承、恽代英、林伯渠、谭平山、吴玉章、徐特立、周

△ 潮汕工人运动的领袖杨石魂

逸群、郭沫若、廖乾五、张国焘、李立三、郭亮、贺昌及汕头市委书记杨石魂等。

会议主要由临时政治局候补委员、中共广东省委书记张太雷传达中共中央八七紧急会议精神以及研究起义部队的最后决策。

10月3日，贺龙、叶挺以及聂荣臻也从汤坑来到流沙。当天中午，周恩来再次召开会议，总结起义部队进军广东后的经验教训，做出了遵照中央临时政治局决定，将南昌起义建立的中国国民党革命委员会改为苏维埃；抛弃国民党的旗帜，改用斧头镰刀的红旗，由中国共产党单独领导革命；把起义部队转移到海陆丰与当地农民武装结合，建立革命根据地等重大决策。

会后，与会领导有计划地分散转移。10月7日，彭湃奉命去了香港。

建立第一个工农兵政权——海陆丰苏维埃

☆☆☆☆☆

（32岁）

在莲花山遭敌截击受挫的南昌起义军二十四师余部一千二百余人，突围后转移到海陆丰地区，按照中央南方局的指示，改编为中国工农革命军第二师（即红二师）第四团，由董朗担任师长，颜昌颐为党代表。

10月30日，海陆丰工农武装在红二

师的配合下，接受同年4月和9月两次武装起义失败的教训，举行了第三次武装起义。

11月8日，彭湃受中共中央派遣从香港回到海丰，担任中共东江特委书记，全力领导海丰、陆丰两县人民筹备召开工农兵代表大会，建立苏维埃政权。

11月18日至21日，海丰县工农兵代表大会召开，彭湃代表党中央在大会上作了政治报告，大会选举产生了海丰县苏维埃政府。

12月1日，海丰人民数万人在县城广场上举行庆祝大会，彭湃在庆祝大会上讲了话。

海丰、陆丰苏维埃成立后，立即开展土地革命，发动农民收缴地主的地契、租簿、账册予以焚毁，并征召了千余名青年组成红二师的第五团，以壮大武装力量。

苏维埃政权建立后，马上进行土地革命，并镇压反革命。

彭湃主持制定了《没收土地案》，这是中国共产党在土地革命中最早的一个土地法规。苏维埃政权率先在海陆丰开展了具有重大历史意义的土地革命。

随后，苏维埃政府公布《征兵条例》；颁发《妇女问题案》，保护妇孺权益；建立了海陆丰劳动银行。

海陆丰劳动银行是中国共产党领导下的根据地建设最

△ 海陆丰苏维埃成立大会

早的银行，发行的货币是红色政权通过自己的银行发行的第一种货币。

海陆丰根据地是中国共产党领导下较早创建的农村革命根据地，是最早建立的苏维埃政权，为以后红色政权的建设在理论和实践上积累了经验，开辟了中国革命以农村为基地走向胜利的道路。

彭湃领导农民运动期间，海陆丰的共产党组织迅速发展，党员人数最多的1928年，海丰有1800人，陆丰有6000人。

周恩来在中共“六大”的组织报告中提到，当时全国有党员十六万余人，可见海陆丰党员数在全国占有相当大的比例。

1928 年 1 月，广州起义失败后，起义军的一部分改编为中国工农革命军第四师，即红四师。红四师在叶镛、袁裕、徐向前率领下来到海丰，使海陆丰地区增加了一支有生力量。

在东江特委的领导下，以海陆丰为中心的苏维埃区域迅速扩大。

1928 年元旦，红四师抵海丰县城时，受到中共东江特委和当地群众的热情欢迎和慰问。东江特委在县城广场上召开了一万多人的群众大会，特委书记彭湃发表了热情洋溢的讲话，他说："广州起义失败了不算什么，革命难免有挫折，有失败，失败了再干，革命一定会胜利。共产党领导穷人闹革命，要坚决消灭地主军阀，保护穷人利益。什么是共产党的法律？抓住地主杀他们的头，就是共产党的法律！"

彭湃富于鼓动性的讲话博得了一阵阵热烈的掌声。

接着，红二师和红四师胜利会合，这两支年轻的红军队伍在东江特委的领导下并肩战斗，揭开了东江游击战争的新篇章。

红二、四师会合后，海陆丰地区的革命力量进一步增强，群众斗争情绪高涨，形势大好。东江特委决定迅速扩大红区，由红二师北向紫金、五华地区发展，红四师东向普宁、惠来地区发展，以便控制西起东江，东至潮汕，北起梅南，南至沿海的大片区域。

2月下旬，敌人从广州派出两个军的兵力，并用军舰控制海面，从西、北、南三面围攻海丰。

彭湃组织当地军民奋起反击，越战越勇。终因敌众我寡，红军被迫于月底退出了海丰。

丢了海丰后，红军前去攻打惠来。惠来城里是陈铭枢的杂牌部队，是从福建来的。攻城前，红军喊话说：

"我们都是穷人，要分土地呀！"

"穷人不打穷人，你们放下武器吧！"

红军还放风筝，撒传单，瓦解敌军。敌人受了影响，既不打枪，也不交枪。

围了几天后，彭湃和他夫人许冰也赶来了。许冰是彭湃的第二个妻子，他的第一个妻子已经牺牲了。

彭湃急着拿下惠来，要领着人去爬城楼。徐向前认为这样太危险了，不同意他们去，便立即组织队伍强攻，击毙敌军一个团长，敌人弃城逃跑了。

但是，重新纠集起来的敌人围攻一天天紧迫，红军的处境一天比一天困难。部队人数越打越少，最后红二师、四师各剩下五六百人。

在敌人的疯狂反扑下，海陆丰苏维埃政府建立了近四个月后，不得不撤往山区。

 大南山根据地

☆☆☆☆☆

（32 岁）

大南山是莲花山系南阳山的延续，东西走向，横跨汕头潮南区、普宁市、惠来县，东西长 50 多公里，南北宽 30 多公里，面积约 1500 平方公里。

大南山西北一带蜿蜒着崇山峻岭，连接南阳山，沟通大北山；东南一带层峦迭嶂，错落起伏，濒临南海。

大南山是连结潮、普、惠三地的纽带。主峰望天石，海拔九百多米，周围群峰耸立，直插云霄，怪石嶙峋，沟壑纵横，岩

洞密布。东部属汕头潮南区境，南部是惠来辖区，西部为普宁属地。

大南山境内拥有百余个村落，五万六千余人口，分住林招、叠石、大陂、大溪坝、林樟、河田、盐岭、三坑等村。村小而分散，大都是称霸平原的大官僚、大地主的食乡。因此，山区农民受压迫剥削的程度极为深重，反压迫求解放的愿望也极为强烈。

潮阳、普宁、惠来三县党组织和革命武装利用大南山的优越条件，在大南山上建立了潮普惠革命根据地。

1928 年 3 月 至 10 月、1930 年 10 月 至 1935 年 6 月，东江特委机关曾两次移驻此地，彭湃曾在这里指导过革命斗争。

彭湃英雄石洞原名潘岱岩洞，位于东江革命根据地中心的红场镇潘岱村西南 200 米处。这里的高山海拔 523 米，人们称之为“白虎头岭”。

1928 年 1 月，海陆丰苏维埃政权遭到国民党反动军队的夹攻，彭湃率领红四师十一团转移到大南山区，足迹遍布潮南，留下了不少动人的故事。

五皈古寺坐落在潮南区沙陇中心的溪西村，建于南宋景炎三年（1278），重修于清咸丰七年（1857），也称沙陇五堡庵。寺前原有一座八柱巨亭和接待寺门，门前可聚众数千人。这里早在大革命和土地革命战争时期便成为沙陇毗邻各乡农民协会的会址。寺前高高竖起的一面犁头镰刀农会会旗迎风飘扬，寺里大刀、长矛放得井井有条，会员出入寺门，扬眉吐气，腰板挺得直直的。

1928 年 2 月中旬，彭湃骑着一匹枣红马，英姿勃勃，在红军战士的簇拥下，从大南山区的普宁县专程来到潮阳，亲临五皈寺。

彭湃翻身下马，喝了口水，顾不得休息，

△ 彭湃英雄石洞

◁ 彭湃

便和农民交谈。这时，寺里寺外一片欢腾，农协会员和赤卫军奔走相告，大家都争着见自己的领袖一面。

这天晌午，通知开会的锣声响起，人们听说彭湃来演说，男女老少蜂拥而至，寺前被人群挤得水泄不通，场面比观龙舟和游神赛会还热闹十分。

彭湃用深入浅出的语言向群众宣传工农掌握政权和实行土地革命的重大意义，指出要解除大多数人的痛苦，就要挖出穷困的根源，团结起来，实行武装暴动，搞好土地革命。

彭湃还谈到了工农夺取政权后的任务，号召农民武装起来，扩大自己的军队，彻底打倒土豪劣绅、地主、贪官污吏，保障土地革命的胜利。

彭湃一直讲了两个多小时，听众越来越多，他的演讲大大地鼓舞了农协会员和群众的斗志。

1928 年 2 月底，工农革命军潮阳第三独立团响应中共潮阳县委关于全县工农起来大暴动的号召，策应南昌起义军进发东江，痛击国民党反动军队。

在袭击驻潮阳港头乡国民党教导团的战斗中，沙陇农协会和赤卫军按照彭湃的指引，主动参战，勇猛如虎，打得驻军狼狈逃窜，毙敌七十余名，缴获大批武器弹药。

这天，乌云满天，天气阴沉，仙城镇深溪乡乡民和赤卫队员沉浸在极度悲哀中。这天，深溪乡革命会、农会、赤卫大队在深溪水尾祠边举行追悼会，悼念在陈店战斗中掩护战友，把生让给别人，把死留给自己的赤卫队特务长、共产党员刘眯目。参加追悼会的有潮阳县工农红军代表，各乡农会代表，深溪乡革委会、农会、赤卫队、妇女、儿童团等全体成员。

彭湃夫妻率领红军小分队于深夜策马，风尘仆仆赶到现场，向烈士致敬、默哀。

彭湃号召全体革命战士学习刘眯目的崇高革命精神和舍己救人的高贵品质，团结战斗，消灭反动派，为刘眯目和死难的烈士报仇。

追悼会刚结束，彭湃立即上前紧握烈士父亲的双手，代表东江特委亲赠银元50元作为抚恤金，在场的战士和老百姓都感动得流下热泪。

在送葬的行列中，彭湃手扶棺椁，徐步前进。他的夫人许冰也参加抬棺行列，寄托哀思。

送葬队伍严肃整齐，一直送上大南山。

陈店国民党驻军和当地保安队闻讯后，立即纠集军警六百多名前往围剿。

当敌军赶到深溪附近时，见送葬队伍已登上大南山，并且戒备森严，又有红军、赤卫队护送，不得不下令撤退。

不久，敌人用重兵疯狂围剿大南山，到处施行三光政策。彭湃夫妻与大南山区人民生死与共，鱼水相依。

群众十分关心彭湃夫妻的安全，在农协会干部的再三劝说下，1928年夏，彭湃夫妻隐藏到红场潘岱村附近的石洞里，昼伏夜出，指挥大南山的武装斗争。该村农协会执委林娘圆为彭湃秘密传递文件，确保革命工作的正常进行。

敌人多次乔装登山侦察，群众想尽办法保护彭湃，使敌人的缉捕计划一次次落空。

有一次，彭湃在雷岭蔗尾村布置工作，开展土地革命宣传时，敌人突然前来围剿。群众闻讯，立即拿出当地农民的衣衫让彭湃换上，将他隐蔽起来，使他得以安全脱险。

同年初秋，彭湃接到上级指示，偕夫人许冰乔装转赴上海。

彭湃和大南山百姓依依惜别，百姓送了一程又一程。

这次战役告捷后，沙陇农协会受到了上级的嘉奖。

壮烈牺牲

☆☆☆☆☆

（33岁）

1928年11月，彭湃与他的夫人许冰抵达上海。

当时，上海正处在国民党的白色恐怖之下。彭湃化名王子安，以经商作掩护进行革命斗争。

彭湃到上海后，担任中共中央农委书记、中央军委书记。

当时，江苏各地的农民武装暴动已先后失败，彭湃经常与省委研究暴动失败后农民运动的工作和走向。

在中央政治局第18次会议上，彭湃就会议讨论的“农民运动通告”等问题发表了意见。彭湃既重视农民运动中对富农的政策问题，更重视农民运动中雇农工作的问题。他写了《雇农工作大纲》，提出了划分农村雇农成分的标准，分析了雇农在农民运动中的地位和作用，并提出了无产阶级对农民的教育问题。

1929年春节前夕，彭湃参加了中共闸北区委会议，讨论了留苏归国学生的工作安置问题。会后，彭湃立即写信向党中央汇报会议讨论的情况。彭湃认为对从苏联留学回来的同志应进行短期训练。中央组织部复信给彭湃，肯定了他的意见。

1929年5月，上海租界电车公司机务间的工人与车务间的工人在资本家的挑拨煽动下发生了殴斗事件。彭湃十分关心工人运动的斗争策略问题，特地撰写了《斗争的转变与深入》一文，发表在江苏省委机关刊物《教育周刊》上。彭湃在文中指出，党的组织不应该采取对双方简单的调解办法，应该揭露资本家挑拨工人打架的罪恶，鼓励工人摩拳擦掌、勇气百倍地一致对付资本家。

在这年的军委会议结束后，周恩来向彭湃传达了党组

△ 彭湃被捕地新闸路613弄经远里12号

织的一个决定："彭湃同志，组织上安排你和许冰到莫斯科学习一段时间。"

彭湃觉得有些突然，问道："什么时候走？"

周恩来回答说："你赶快准备一下，很快就要起程了。"

彭湃的秘书白鑫当时已投靠了国民党，正在彭湃身边做卧底，他绝不会让彭湃夫妇就这样走的。他立即让他老婆把这一信息密报给国民党上海市党部负责人范争波。

1929年8月24日，在白鑫家里，白鑫夫妇以秘书的身份为军委领导人做服务工作，参加会议的彭湃等五位同志坐在麻将桌边谈论着。

过了一会儿，彭湃宣布说："大家开会吧，恩来同志今天有急事，已经请假，不能到会了。"

白鑫听了一怔："坏了！大鱼跑了！"

原来，白鑫是想把中央军委一网打尽，好向新主子邀功请赏。

彭湃问道："白秘书，材料整理好了吗？"

白鑫回答说："早已准备好了。"

大家认真看着白鑫递过来的材料，谁也没想到租界的武装巡捕与上海公安局的警探正驾着几辆红皮铁甲车向新闸路军委秘密机关驶来。

铁甲车在远处停下，巡捕和警探纷纷跳下车，把各个路口都堵得严严实实，然后扑向弄堂内白鑫的家。

突然传来猛烈的砸门声，与会者震惊地站了起来。彭湃意识到出了问题，但他没有惊慌，反而镇静地坐着，只是抬头看了白鑫一眼。

敌人冲了进来，喊道："不许动！"

十几个枪口对准军委的人，警察头子看着手里的名单大声喊道："共匪周恩来、彭湃、杨殷、颜昌颐、邢士贞、张际春，你们被捕了。"

原来，白鑫叛变投敌，将这次开会的内容及时间、地

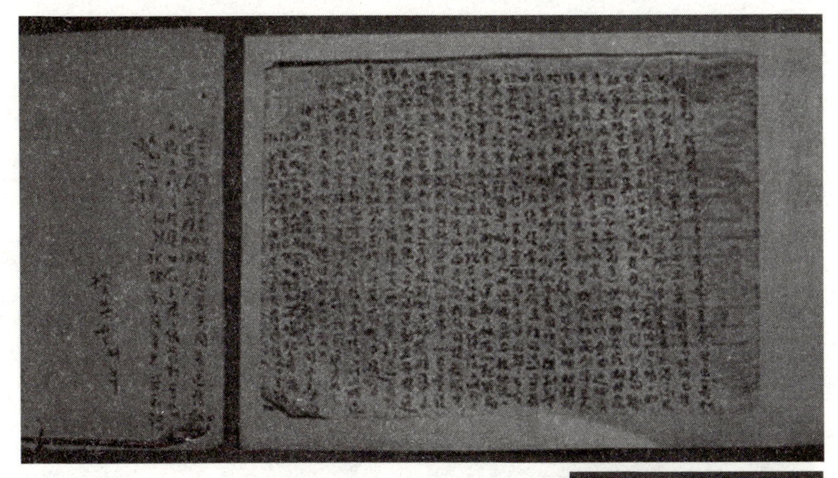

△ 彭湃写给周恩来的信

点向范争波告了密。周恩来因为临时有事，侥幸躲过了这一劫。

彭湃等五人被敌人押解到新闻捕房关押。

26日，彭湃等五人被引渡给上海市公安局，在水仙庙看守所受审。

第一次受审，彭湃自称王子安，是从福建来沪经商的。

第二次审问时，认识彭湃的国民党广东省汕头市市长方乃斌到场指认，彭湃知道已无法隐瞒，便在法庭上慷慨陈词，历数他在海陆丰做农民运动，建立海陆丰苏维埃，惩

△ 杨殷

△ 颜昌颐

治地主豪绅的经历，并激愤地对敌人说道：“像你们这些反革命，我在海陆丰不知杀了多少，你们不必再问了。”

彭湃在狱中受尽严刑拷打，几次死去活来，脚骨也被打碎，但他始终坚贞不屈。

面对死亡威胁，彭湃说：“只要我还有一口气，我就要为共产主义事业奋斗到底！”

他还说：“不久的将来，一定能够推翻反动的统治，建立全国的苏维埃政权。为了我们子子孙孙能过上幸福的生活，就是献出生命也是在所不惜的。”

彭湃被捕后，周恩来于当夜召开中央特科各负责人的紧急会议，布置营救彭湃等人的工作，并了解他们被捕的原因。

会议决定由中央特科情报科负责人陈赓搬进西藏路与南京路交界处的新世纪饭店，负责指挥营救工作，又在虹口旅社开了一个房间作为联络点。

陈赓接受任务后，极力设法营救。他找到了在国民党中央党部调查科驻沪办事处任职的杨登瀛。杨登瀛早年接受过马克思主义，认识一些共产党人，并对共产党人表示同情。

杨登瀛对陈赓说："彭湃是知名人士，不可能轻易地营救出来，应当在彭湃由公安局解往宪兵司令部的途中设法营救。"

陈赓向中央特科请示，特科同意路劫。

由于彭湃名气太大，蒋介石早就对他恨之入骨，获悉彭湃被捕后，立即下令杀害彭湃。

周恩来得知敌人将于 8 月 28 日晨将彭湃等人从拘留所解往龙华警备司令部后，急令中央特科所有人员一起出动，到囚车必经的枫林桥埋伏，武装劫车。但因种种原因未能成功。

临刑前，彭湃笑着对杨殷说："反动派常把我比做天蛇，

◁ 陈赓

蛇者龙也，如今我这条龙要归天了。今后在天上翻云覆雨，滋润人间，这也不错。”

杨殷豪迈地说：“‘朝闻道，夕死可矣。’何况我们已将共产主义播遍了粤海三江。”

彭湃知道敌人要下毒手了，提笔给党中央写了一封信，说他们在狱中精神很好，请党组织不要因为他的牺牲而伤心。

彭湃还给妻子许冰写了一封诀别信：“冰妹，从此永别，妹努力前进，兄谢你的爱！万望保重，余言不尽！你的湃。”

从这两封信可以看出彭湃视死如归、终生无悔的革命精神。周恩来收到信后非常激动，为我党有这样优秀的干部而感到骄傲。

彭湃五人被关进新的牢房，虽然他们知道组织上的营救失败了，但不论敌人多么凶残，他们始终保持着革命的乐观主义精神，没有一点儿沮丧的情绪，彭湃有时候还说些笑话给大家听。

牢房的门打开了，看守送进一桌丰盛的酒饭。

彭湃、杨殷、颜昌颐、刑士贞、张际春五人看看酒饭，又你看看我，我看看你，突然一齐仰天大笑起来，笑得那么豪迈，那么从容。

其他牢房的人见给彭湃他们送来酒饭，便纷纷站起来，拥到牢房门口，注视着他们的牢门。

彭湃拿起一碗酒，走到牢房门口，大声向狱友们演讲："同志们！同胞们！我彭湃就要和大家告别了。蒋介石在共产党和工农群众的血泊中建立起了自己的政权。但是，他们的穷凶极恶并不能说明他们的强大，蒋介石已经输光了过去骗取的那一点可怜的政治资本，将来，他不会有一天安宁的日子好过。革命者的血不会白流！革命者的生命不会白白牺牲！今天我们虽然走向刑场，但是革命的潮流不可阻挡！我相信再有十年、二十年，人民革命的风暴一定会席卷中国大地，一定会将帝国主义和一切反动派彻底地扫荡干净！同志们！同胞们！再见了！”

他说完，一口气喝下碗中的酒。

狱友们静静地听着，不知哪个监号的同志突然振臂高呼：“中国共产党万岁！”

顿时，监狱里口号声此起彼伏，响彻云霄：

“打倒帝国主义！”

“打倒卖国贼蒋介石！”

△ 海丰红场正门

“中国红军万岁！”

这时，有人带头唱起了《国际歌》。

歌声中，监狱长走向彭湃的牢房，宣布了死刑名单，他们是彭湃、杨殷、颜昌颐、邢士贞。

四人毫不畏惧，分别与留下来的张际春拥抱告别。然后，四人走出牢房，高唱着《国际歌》走上刑场。

通道两边房号的难友们满含热泪挤在门边高歌相送。

彭湃路过一间牢房，见一位难友衣不遮体，便脱下自己的衣服送到他手里，继续高歌而行。

有些人痛哭失声。一些良心未泯的监狱看守也为之黯然神伤。

在歌声中，一连串罪恶的枪声响起。这一天是 1929 年 8 月 31 日，彭湃、杨殷，颜昌颐、邢士贞四位同志在龙华警备司令部从容就义。彭湃牺牲时年仅 33 岁。

彭湃牺牲后，全党极其悲痛。周恩来含泪写下《中国共产党反对国民党屠杀工农领袖宣言》，文中说 :“谁不知道广东有彭湃，谁不知道彭湃是中国农民运动的领袖? 一切反革命污蔑他是杀人放火的凶犯，但广大工农穷苦群众，尤其是几万万农民群众却深深地知道他是他们最好的领袖，是土地革命的忠实领导者! ”

这时，如果还让出卖彭湃的叛徒逍遥法外，不仅难以告慰烈士英灵，而且还会继续给党的秘密组织造成威胁。

就在彭湃和几位同志被捕的当天下午，特科的情报科就通过内线查明，出卖彭湃等人的叛徒就是中央秘书白鑫。

白鑫出卖彭湃等人后，躲进了范争波的公馆里。

白鑫是湖南常德人，黄埔四期毕业生，1927 年曾在叶挺的二十四师教导营担任过党代表。南昌起义部队南下时，白鑫随部队撤到广东海陆丰地区，与彭湃领导的农民武装汇合，被提升为团长。1929 年初，白鑫随同部分中央领导到了上海，在中央工作。

早在一个月之前，白鑫就已经向国民党

上海市党部常委、情报处长范争波秘密自首。白鑫作为军委秘书，对中央和江苏省军委的情况非常熟悉，他想将中央和江苏省军委作为一份厚礼献给国民党，以换取巨额的奖金，并作为自己飞黄腾达的垫脚石。

不过，范争波并不急于动手，而是一直在暗中等待机会。范争波的胃口相当大，他想利用白鑫将中共中央和江苏省军委的负责人一网打尽，尤其是想抓到周恩来和彭湃。

范争波所要等的机会就是趁军委开会的时候动手，这样才可能一网打尽。要寻找这样的机会并不困难，中央经常召集各有关部门开会，周恩来作为军委书记通常都要主持会议。而每次开会，都是由军委秘书白鑫负责通知开会时间、地点和开会的人员。

机会终于来了，8月24日这天，中央会议在上海沪西区新闸路613弄经远里12号二楼白鑫的家里举行。若不是周恩来临时有事，也会和彭湃一样被捕。

白鑫尽管住在范争波公馆里，昼夜有持枪的警卫保护，仍然深感处境危险，惶惶不可终日。后来他想，老是躲着不露面也不是办法。于是，他请求让他出国，去意大利躲过风头再回来。

白鑫秘密作好了出国的准备。而特科根据内线提供的情报，已经掌握了白鑫动身的时间、乘坐的轮船，并且知道范争波将派汽车送他去码头等情况。

中央特科决定在白鑫动身这天将其处决。

白鑫临行这天，范争波公馆里人员进进出出，显得非常忙碌，范家的用人从外面买回许多水果，供白鑫在船上吃。

这天晚上，躲藏了几个月的白鑫终于在范公馆门口出现了。在夜幕掩护下，白鑫由范争波及其兄弟在几名武装警卫陪同下悄悄向汽车走去。送白鑫去码头的汽车就停在距公馆门口不远的地方。

白鑫面无血色，战战兢兢，极度紧张。恐惧和兴奋使他几乎无法自持。几个月以来，他像躲在老鼠洞中一样终日提心吊胆。他想，这样的日子可算结束了，只要车到码头，船一开就远走高飞，逍遥自在了。他一看见汽车立刻加快了脚步，恨不得一步跨上车去。

车门刚刚拉开，白鑫正要俯身上车，突然一声“不许动”犹如晴天霹雳一般，吓得白鑫等人浑身一抖，顿时惊呆了。

只见七八个人影像从地下冒出来的一样，从四周包围上来，黑洞洞的枪口直指白鑫等人。原来，红队在此已经等候多时了。

不等范争波的保镖掏枪，红队已经开火了。枪口在黑暗中喷射出火光，枪声在狭窄宁静的弄堂内震耳欲聋。一名保镖当即栽倒在地，白鑫等人立即四下逃窜。白鑫一

△ 上世纪30年代霞飞路吕班路口（今淮海中路重庆南路口）。叛徒白鑫就在距这里不远的和合坊被“红队”击毙

边向范公馆大门狂奔，一边拔枪企图抵抗。几名红队队员在后面紧追不舍。复仇的子弹嗖嗖作响，一起射向叛徒，结果了他罪恶的性命。

枪战短促而激烈。特务头子范争波和另一名保镖受伤倒地，范争波的兄弟当场毙命。

红队迅速撤离现场。刚到弄堂口，在那里巡逻的一名巡捕开枪拦截，立刻被迎面而来的子弹扫倒在地。

在距和合坊不远的蒲石路重庆路口，停

△ 红场彭湃烈士铜像

着一辆引擎早已发动的汽车，红队队员们跳上车，汽车立刻绝尘而去，消失在十里洋场之中。

后记

彭湃永垂不朽

彭湃虽然只活了33岁，却为中国革命作出了巨大的贡献。

彭湃创建了全国第一个县苏维埃，开拓了中华苏维埃历史的新纪元，在中国现代革命史上建立了不朽的功勋。

彭湃是中国农民运动第一位战士，是中国共产党内最早重视并从事农民运动的著名领袖。当中国共产党成立后，绝大多数党员按照马克思主义关于无产阶级革命理论全力从事工人运动时，彭湃却独具慧眼，把注意力转向了农村。

彭湃认为农民占中国人口的绝大多数，世世代代受压迫受剥削，有很强的革命性，是中国革命的一支重要力量，如果不把广大农民组织起来，中国革命就不能成功。

彭湃不仅很早就重视农民问题，从事农民运动，而且还把马克思主义和当时中国农村的实际相结合，创立了一套新型的农民运动模式，其主要内容和特点如下：

其一，一切为了农民，一切从农民利益出发。1923 年 1 月 1 日，彭湃在《海丰总农会临时简章》中明确提出要图农民生活之改造，图农业之发展，图农民之自治，图农民教育之普及。这是彭湃提出的农民运动的总纲，基本包含了农民运动的全部目的和农民的全部利益。

其二，经济斗争和政治斗争并进，从农民最直接的经济利益入手，但最终目的是夺取政权。

其三，重视工农联盟，争取工人阶级的支持。

其四，重视建立农民武装，并号召农兵团结。

其五，注意培养骨干力量。

其六，注意斗争的策略和工作方法。

彭湃创立的这个农民运动模式是从来没有的，立即成为全国农民运动的光辉榜样，被迅速推广到广东全省以至全国，为以后全国各地的农民运动所仿效，有力地推动了全国农民运动以及国民革命的发展。因此，毛泽东称赞彭湃是“农民运动大王”。

彭湃不仅勇于实践，而且善于进行理论总结。他写的《海丰农民运动报告》详细地论述了海丰农民的政治地位、经济地位和文化状况，分析了海丰农村各个阶级及农民所受的苦难，深刻地总结了海丰农民运动的经验，从而成为中国共产党最早的一部理论和实践相结合的重要著作，而且是中国农民运动第一本最有价值的著作。它是中国共产党关于农民运动的教科书，对后来毛泽东写的一系列关于农民问题的文章和《湖南农民运动考察报告》也产生了重要的影响。

1981年，经中共广东省委批准，广东党史学会和广东省历史学会联合举行纪念彭湃诞辰85周年学术讨论会，与会的有广东、北京、辽宁、湖北、广西等八个省（市、区）的专家学者。

与此同时，在海丰举行了纪念彭湃诞辰85周年大会。会前，人民出版社、广东人民出版社分别出版了《彭湃文集》和《彭湃研究史料》。

彭湃故居位于海丰县风景秀丽的龙津河东岸的海城镇桥东社，建于清末，主楼双层，东侧是彭湃的书斋得趣书堂。

彭湃在这里度过了童年和青少年时代。彭湃投身革命运动后，故居还为革命作过重大的贡献。

1925年3月，广东国民革命军第一次东征到达海丰后，周恩来和革命军顾问鲍罗廷及加伦将军曾在彭湃故居投宿，共同研究作战计划和军事部署。

1925年6月，革命军回师广州，军阀陈炯明残部重陷海丰城，彭湃故居惨遭焚毁，只遗下墙基。解放后，人民政府拨款修了一圈围墙对墙基加以保护。

1962年7月7日，广东省人民委员会颁布该处遗址为省级重点文物保护单位。

1986年，国家文物局拨款15万元在旧址上按原貌重建彭湃故居，并陈列烈士生平文物。

当年，彭湃领导海陆丰苏维埃政权活动的中心——海丰红宫和红场旧址纪念馆已成为全国重点文物保护单位和全国爱国主义教育示范基地。这些彭湃当年从事革命活动的重要场所，每年都吸引着成千上万海内外中华儿女前来参观。

红宫革命遗迹位于海丰县城人民路中段，坐北朝南，面积1850平方米。整体建筑古朴典雅，墙壁和围墙都用红色粉刷，具有典型的中国式建筑风格。

红宫门楼为六柱五间牌坊式建筑，门内主体建筑是大成殿，重檐歇山顶，墙上照大革命时期原样贴有“打倒军阀”、“工农兵团结起来”、“苏维埃政权万岁”等标语。

红宫原是明代学官，始建于明代洪武十二年(1379)。1927年10月，在中共东江特委的领导下，在南昌起义部队红二师的帮助下，海陆丰人民举行第三次武装起义，夺取了政权，于同年11月18日至21日在这里召开了海丰县工农兵代表大会。大会开得庄严、隆重。大会上，彭湃作了报告，并且决定把学官改称为红宫。此后，革命政权的很多重要会议都在这里召开，这里成了革命的摇篮，每年都吸引着很多游人前来参观。

红场位于红宫东面，正门雄伟壮丽，门上饰有浮凸线花纹图案，一颗五星居于门顶正中。门额浮塑“红场”两个鲜红大字，系彭湃亲手所书。两旁浮塑“铲除封建势力，实行土地改革”的对联。进门后有一条笔直甬道通向一座形似舞台的红台，过去用作大会主席台。

1986 年，在红场中央竖立起彭湃烈士铜像。彭湃昂首挺胸，英姿勃勃，两手叉腰，高瞻远瞩。